당사자들의 증언을 통해 살펴보는

북한출신 여성들의 식생활, 의생활 및 여가생활

남북한 문화비교 총서 ⑬

당사자들의 증언을 통해 살펴보는

북한출신 여성들의 식생활,
의생활 및 여가생활

전주람

　　남북한 문화비교 연구 총서는 학계에만 국한되어 출간되는 연구물을 대중화할 필요가 있겠다는 기대로부터 기획되었습니다. 2020년 여름, 전주람은 학회지에 북한이주민의 생생한 증언을 담는 작업을 하고 있었습니다. 그때 한국학술정보 출판사에서 연구자들이 그간 학술지면에 발표한 논문을 단행본으로 엮는 작업을 한다는 광고를 보게 되었습니다. 그래서 한국학술정보 이강임 팀장님과 만나, 딱딱한 북한 관련 총서에서 벗어나 북한 출신 분들의 생생한 증언을 담아내는 방식의 남북한 문화비교 연구 총서를 엮자는 데 의견을 모았습니다. 그간 북한이주민들의 심리 사회적 자원을 시작으로 가족과 건강, 일 세계, 지역사회복지, 자기 돌봄과 정체성 등에 이르기까지 다양한 연구를 현장 인터뷰 방식으로 진행해 왔었는데, 그 내용을 남북한 문화비교 총서로 엮는다면 보다 많은 독자가 쉽게 내용을 접할 수 있지 않을까 판단했습니다.

　　남북한 문화비교 총서는 '일상생활(daily life)'을 주된 연구 영역으로 삼았습니다. 북한이주민의 일상생활이 어떠한지 자세히 살피고자 했습니다. 이를 통해 북한 출신 주민분들에 대한 차별적 시선과 편견, 이에 따른 고정관념을 걷어내고, 그들을 새로운 관점으로 바라보는 태도를 갖게 하고자 했습니다. 이 총서는 북한이주민이 누구인지에 관한 인식 제고의 전환점과 담론을 제공해 줄 것이라

기대합니다. 남한에서 출생한 국민이 북한출신 분들에게 쉽게 다가가고 그들을 이해할 수 있는 좋은 자료가 될 것입니다. 궁극적으로는 향후 남북한의 사회문화적 통합에 중요한 기초자료로 활용될 수 있을 것으로 기대합니다.

프랑스 철학자 앙리 르페브르(Henri Lefebvre)는 일상생활을 인간의 전체성 관점에서 설명하였습니다. 자세히 보면 인간은 욕구의 차원, 노동의 차원, 놀이와 즐거움의 차원으로 존재가 파악되며 이 세 가지 요소가 유기적인 관계로 통합될 때만 비로소 인간의 참된 모습이 현실화한다고 하였습니다. 즉 인간이 생존하기 위해서는 모든 물질적·신체적 욕구가 충족되어야 하고, 동시에 그의 욕구를 충족시키기 위하여 일하지 않으면 안 된다고 언급한 것입니다. 일상을 다루는 것은 결국 일상성을 생산하는 사회, 우리가 살고 있는 그 사회의 성격을 규정짓는 것이므로, 진지한 연구 대상이 되어야 마땅합니다. 일상이 매일 되풀이되고, 보잘것없어 보이고, 지루한 업무의 연속처럼 느껴지고, 익숙한 사람과 사물의 잦은 마주침으로 가득 차 보일지 몰라도, 중요한 사실은 일상이 바탕에 있어야만 사건이 일어난다는 것입니다. 이처럼 일상생활 연구는 사회 전체에 대한 평가와 개념화를 함축하므로, 일상성을 하나의 개념으로만이 아닌 '사회'를 알기 위한 바로미터가 되기에 중요합니다. 따라서 남북한 문화비교 총서에서 북한이주민의 일상생활 모습을 전방위적으로 깊이 탐색하는 것은 사회문화적 통합 영역뿐만 아니라 실천적으로도 긴요한 일이라 할 수 있겠습니다.

총서 시리즈물의 열세 번째인 '북한출신 여성들의 식생활, 의생활 및 여가생활' 편은 가족학이라는 학문적 토대에 '북한'이라는 영역을 포함한 것입니다. 가족이라는 미시체계 환경을 연구의 기반으로 삼는 전주람은 북한출신 여성들의 일상생활 문화에 관심을 기울였습니다. 그들의 일상생활 문화를 잘 이해하기 위해서는 무엇보다 현장에서 당사자들을 인터뷰하는 것이 적합하다고 판단하였습니다. 결국 그들의 생생한 언어를 기록함으로써 독자들이 이 책의 내용을 쉽게 이해할 수 있을 것으로 생각했습니다.

이에 제1부에서는 40~50대 북한출신 여성들의 식생활을 살펴보았습니다. 그들이 북한에서 지닌 식문화와 한국에서 마주한 다른 문화에 대해 논의하였습니다. 제2부에서는 20~30대 북한출신 청년 여성을 대상으로 북한의 의생활 문화와 관련된 신념을 조사하였고, 한국에서 그들이 의생활 문화를 어떻게 인식하는지 등에 관해 질문하였습니다. 제3부에서는 40~50대 북한출신 여성들의 대상으로 여가생활의 양상과 여가의 개념 및 기능, 여가 활동의 내용을 생생한 대화체로 전달하였습니다.

　이상의 결과를 책에 담는 작업은 남한의 일상을 경험하는 그들을 이해하는 것이자, 그들이 속한 사회를 이해하는 것이기도 합니다. 요컨대 〈남북한 문화비교 총서〉는 남북인이 조화롭게 어울릴 수 있는 일상 문화를 찾아 나가는 데 중요한 기초자료가 될 것입니다.

2024년 12월

전주람

## ○ 목차

# 제1부

# 4050 북한출신
# 중년여성들의 식생활

○

* 인터뷰어 : 전주람
* 인터뷰이 : 4050 중년 북한출신 중년여성
  참여자 1 (40대 초반, 청진, 2013년 탈북, 기혼)
  참여자 2 (50대 초반, 평양, 2010년 탈북, 이혼)
  참여자 3 (40대 초반, 무산, 2008년 탈북, 기혼)
  참여자 4 (40대 초반, 무산, 2005년 탈북, 기혼)
* 인터뷰일시 : 총 3회기, 대면, 각 2시간(총 6시간)
  2020년 1월 21일 화요일, 오전 10 : 00-12 : 00
  2020년 1월 30일 금요일, 오전 10 : 00-12 : 00
  2020년 2월 5일 수요일, 오전 10 : 00-12 : 00
* 인터뷰장소 : 서울 소재 A복지관 내 집단상담실
* 주제 : 식생활

## 1회기

**참여자 1** : 700그램을 받았어요. 사람의 노동 능력에 따라, 잡곡과 쌀을 섞어서 하루에 700그램을 받습니다. 아이들은 300그램을 받습니다. 회사에서 일하면 700그램을 받을 수 있지만, 일을 하지 않으면 받을 수 없어요. 노동력에 따라 지급되는 거죠. 초등학생은 400그램, 그 이전 단계는 300그램, 아기들은 200그램, 갓 태어난 아기는 150그램을 줍니다. 1993년까지 배급이 이루어졌어요.

**참여자 2** : 1993년에 미공급이 시작되었어요. 배급 날짜는 5일인데, 5일에 가서 보름 분량을 받는 거예요. 식량이 떨어지면 남의 것을 빌려 먹는 사람들도 있고, 탄광에서 일하는 사람은 900그램까지 받습니다. 힘 들거든요.

람 : 아, 노동력에 따라 얼마나 몸을 쓰는지에 따라서요.

참여자 2 : 잡곡 비율은 보통 7 : 3이에요. 잡곡이 7이고, 입쌀이 3입니다. 잡곡은 주로 강냉이, 즉 옥수수와 쌀이에요. 그러니까 강냉이 찌꺼기인 거죠.

람 : 맛은 별로 없겠네요?

참여자 1 : 배급에서 국수가 나오는데, 국수가 정말 맛있어요. 옥수수 국수인데, 정말 맛있어요. 그게 나올 때는 너무 좋아서 '국수 더 주세요'라고 해요.

참여자 2 : 국수에는 기준이 있어요. 5식구면 5개, 기본적으로 한 사람당 1킬로그램이에요. 우리 식구가 세 명이면 3킬로그램을 받는 거죠. 따로 국수만 주는 것이 아니라, 강냉이에 국수가 섞여서 나오는 거예요. 그러니까 강냉이랑 국수 중에서 선택하는 거예요.

참여자 1 : 앞 사람이 많이 타니까 뒤에 사람은 못 타는 거예요.

람 : 그걸 가져오셔서 요리를 어떻게 해요?

참여자 2 : 국수는 그냥 여기처럼 뜨거운 물에 삶아서 먹는 거죠.

람 : 가스레인지는요?

모두 : 석유 곤로. (웃음)

참여자 2 : 그곳에는 석유 곤로가 있어요. 기름이 있고, 아래에서 불을 붙이는 방식이에요.

참여자 4 : 지방에서는 보통 아궁이에 나무를 때요.

참여자 1 : 기본은 석탄이에요. 아궁이에 곤로가 있어요.

참여자 1 : 북한은 춥잖아요. 난방이 안 되니까 무조건 온돌식이에요.

람 : 그럼, 보통 어떤 그릇을 썼어요?

참여자 1 : 우리는 보통 청진 같은 경우에는 경성 도자기가 있어요.

참여자 2 : 도자기도 있고, 우리는 쇠 가마를 사용해요.

람 : 무쇠솥?

참여자 4 : 집집마다 가마가 4개가 고정되어 있어요. 고정되어서 위에만 닦아요. 안쪽만 닦는 거예요. 바가지로 물을 퍼서 쇠 수세미 같은 것으로 닦고, 물을 퍼내요.

람 : 세제 사용해요?

참여자 2 : 퐁퐁은 없어요.

참여자 4 : 철 수세미가 있잖아요. 닦으면 바가지로 물을 퍼내고, 행주 같은 걸로 닦아요.

람 : 너무 불편한데요. 왜 고정해 놓은 거예요?

참여자 1 : 아궁이에 불을 때니까 연기가 올라오잖아요. 그래서 시멘트로 딱 발라서 연기가 못 올라오게 한 거예요. 연기가 올라오면 안 되거든요. 일부러 고정한 거예요. 보통 다 그렇게 해요. 우리나라에서도 한옥 박물관에 가면 있어요. 남산 한옥 마을에도 있습니다. 좀 다른 점은 음식하는 곳과 붙어 있는 구조가 있고, 아닌 곳이 있다는 거예요.

람 : 주로 반찬은 뭐 드세요?

참여자 4 : 반찬은 집집마다 다 달라요. 콩나물 같은 걸 키워서 무쳐 먹어요. 거의 대부분 그렇고, 사서 먹기도 해요.

람 : 계란 프라이 같은 건요?

참여자 4 : 계란 같은 건 굉장히 귀해요. 여기는 닭이 흔하잖아요. 북한이 남한보다 한 40년 떨어졌다고 생각하시면 돼요. 계란이 쌀보다 더 귀해요.

람 : 대체로 많이 드시는 반찬이 뭐예요?

참여자 1 : 기본적으로 김치예요. 거기는 무조건 유기농이에요. 비료가 없고 약을 안 치니까요.

참여자 4 : 김치를 몇백 포기씩 담가요.

람 : 아, 그럼, 배추를 키워서 드시나요?

참여자 2 : 배추는 배급처럼 줘요. 가족 인원수에 따라서 분배해요. (세 명 살면 얼마나 줘요?) 그건 상관없어요. 회사가 어디냐에 따라서, 공장에서 신경을 썼는지에 따라서 달라요.

참여자 1 : 2인 가족이 1톤을 탄 적도 있어요.

람 : 1톤을 어떻게 처리해요?

참여자 4 : 북한에서 김장하는 것은 완전히 큰 전투를 치르는 거예요.

모두 : 식구가 많은 집은 열 독도 해요. 김치는 동네에서 다 함께 해요. 김장하는 날은 잔치예요.

참여자 4 : 사람 냄새가 나요.

참여자 2 : 복지관에서 김장 나눔을 할 때, 그렇게 한꺼번에 많이 해요. 오늘은 이 집, 내일은 저 집.

참여자 1 : 그래서 우리 사람들은 김장한다고 하면 약간 흥분하고 업이 되는 거예요.

람 : 그러니까 즐거운 날이네요. 일이어서 허리 아프다, 이런 게 아니네요?

참여자 1 : 죽는다고 하죠. 그래도 즐거워요. 기분 좋은 날이에요!

참여자 4 : 진짜 맛있어요. 식구가 많은 집은 10독씩 해요. 먹는 날이죠. 양념장에 비벼 먹고 매워서 헉헉거리면서도요. 또 집마다 양념장이 달라요. 명태를 넣는 집도 있고, 오징어를 넣는 집도 있어요. 오징어를 썰어서 넣기도 하고요. 맛있어요. 잘사는 집들은 문어, 명태 같은 걸 넣어서 진짜 맛있어요. 냄새가 다르죠.

참여자 1 : 문어는 배 타는 집들에서 좀 많이 하는 것 같아요. 그리고 산돼지를 넣기도 해요. 멧돼지를 잡아서 넣는 거예요.

참여자 4 : 김치가 개운하더라고요.

람 : 멧돼지를 잡아서 어떻게 하는 거예요?

참여자 2 : 삶아서 국물 육수를 넣는 거예요. 도축하는 사람들이 있고, 손질해
주는 사람도 있어요. 포수가 따로 있어요. 멧돼지가 배고파서 자꾸
밭을 오가잖아요. 그럴 때 여기는 경찰이라고 하는데, 거긴 안전부
라고 하거든요. 사냥총을 가지고 와서 멧돼지를 포획해요.

참여자 4 : 옥로가 있어요. 옥로가 뭐냐면요, 멧돼지가 뛰어다니잖아요. (쥐덫
같은 거요?) 맞아요. 그런 거예요. 그럼 빼도 박도 못하고 잡혀요. 썩
어서 문드러진 애들이 농작물에 피해를 주니까 잡아서 먹는 거예요.

참여자 1 : 여기처럼 멧돼지가 1급 동물, 2급 동물 그런 게 없어요. 동물 보호
라는 게 없죠. 물론 지정된 동물은 있지만, 멧돼지는 보호 동물이 아
니에요.

참여자 2 : 그게 잡았다고 먹는 건 아니에요. 잘못하면 벌금 떨어져. 근데 몰래
먹는 사람 많아요.

참여자 3 : 고양이도 잡아먹고, 자기가 키우던 개도 잡아먹고, 토끼건 닭이건
가리지 않아요.

람 : 먹고 남은 반찬은 어떻게 해요?

참여자 1 : 남은 게 없어요. 왜냐하면 북한은 식재료도 적고, 아이들이 자라는
시기에는 반찬이 모자라요. 남자아이들 서너 명 키우는 집도 있어
요. 그런 집은 밥도 없어요.

참여자 4 : 냉장고가 있다고 해도 전기가 안 오니까 사용할 수가 없어요.

람 : 아니, 그러면 매끼 반찬을 해야 하잖아요?

참여자 2 : 그렇죠. 명태 같은 건 말리고, 소금에 절여서 저장하는 방법이 있어
요. 소금을 많이 써요. 생선 같은 건 몽땅 소금에 절여서 보관해야

하니까요. 여기 자반이랑 비슷해요. 위아래로 소금을 놓죠.

참여자 1 : 독처럼 차곡차곡 놓죠. 아니, 움 같은 데는 너무 짜게 하지 않아도 괜찮아요. 안 짜게 해요. 김치는 한 달 전에는 꺼내지 못했어요. 익 지 않아서요.

참여자 3 : 지하에 움이라고 하는 창고가 있어요. 사다리 타고 내려가는 곳이 있어요.

참여자 4 : 김치가 항아리에서 숙성되면서 맛이 진짜 끝내줘요. 그 안에 들어가 면 한여름이 돼요.

람 : 묵은지네?

참여자 1 : 묵은지 먹을 시간이 없어요. 김치가 오래가는 집은 7, 8월까지 가 요. 움. 그게 냉장고예요. 지하 내려가서 저장하는 움이죠.

참여자 1 : 감자도 다 들어가고, 무도 다 들어가고, 생선은 소금에 절여서 넣어 놓고, 여름에는 정어리가 많이 나와요. 정어리를 소금 뿌려서 넣어 놔요.

참여자 4 : 북한식은 환경 파괴도 안 되고 좋아요. 저희는 남한과 북한 모두 살 아봤잖아요. 생활의 지혜가 생기는 거예요. 전기도 안 쓰고 환경을 보호하는 거죠. 버리는 일이 없고요.

참여자 1 : 음식 쓰레기라는 게 없어요.

참여자 4 : 쌀뜨물 이런 게 있잖아요. 그걸로 가축을 치는 거예요. 돼지 키워요. 쌀뜨물로. 완전히 환경 보호예요.

람 : 여긴 음식물 쓰레기가 많잖아요.

참여자 1 : 음식물 쓰레기가 넘쳐나면 집집마다 돼지 키운다고 난리일 거예요. 또 집집마다 배추 다듬잖아요. 다듬으면 쓰레기 나오잖아요. 그건 토끼 줘요. 토끼 먹이로 다 줘요. 그러니까 토끼도 먹고 사람도 먹고

참여자 4 : 그거 배추 움에서 꺼내 먹으면 진짜, 배추가 달아요.

람 : 설거지는 어떻게 하나요?

참여자 1 : 기름 자체가 많이 없어요. (식용유를 많이 안 써요?) 안 써요. 기름이 적고 고기가 적잖아요. (그럼, 부침개 부칠 때는 어떻게 해요?) 그럴 때는 놔뒀던 기름을 쓰는 거죠.

참여자 3 : 기름 쓰면 퐁퐁을 안 쓰고 끓는 물로 닦는 거예요. 퐁퐁이 아예 존재하지를 않아요.

참여자 4 : 지금은 써요. 제가 올 때까지도 썼어요.

참여자 1 : 우리가 말하는 건 미공급 되기 전의 이야기예요.

참여자 4 : 그게 98년도부터 풀리기 시작하면서 다 바뀌었어요. 국가 배급제가 없어졌죠.

참여자 2 : 94년도인가 그때부터 미원을 먹어본 것 같아요. 엠에스지 없이 완전 유기농이었어요. 주로 밥은 온돌방에서 먹어요. 여기서도 온돌에서 먹어요. 그게 편해요.

참여자 4 : 아빠한테는 반찬을 좀 많이 놓아줘요. 남존여비 사상이 많은 나라예요.

참여자 3 : 규칙적으로 먹어요. 규칙적인 시간에.

람 : 밥그릇은 어떤 스타일?

참여자 1 : 보통 사기예요. 국그릇, 밥그릇 다 똑같아요. 그냥 크기만 컸을 뿐이에요.

참여자 2 : 여기 국그릇이 밥그릇이라고 생각하면 돼요.

람 : 상은 주로 누가 치워요?

참여자 1 : 기본적으로 엄마가 치워요. 왜냐하면 애들은 먹고 학교 가고, 아빠는 먹고 출근하니까요. 엄마가 없으면 그 집에 할머니가 치우거나 여자 중심이에요. 우리나라랑 똑같아요. 남자가 설거지하는 개념이 없어요.

참여자 2 : 간혹 해주는 일이 있지만 거의 없다고 보시면 돼요.

참여자 1 : 남자는 할 일이 없어서 그냥 도시락 싸 가지고 가요. 근데 밥알이 남아 있으면 엄마 아빠한테 혼나요. 남을 새가 없어요. "야! 이렇게 먹으려면 먹지 마!" 이렇게요.

람 : 그렇군요. 간식은 주로 뭘 먹나요?

참여자 1 : 간식이라는 게 혹시 옥수숫가루로 빵을 해두면 자랑하곤 해요. 뻥튀기, 감자, 고구마, 강냉이는 장마당에서 사고, 주변 농촌 마을에 가서 얻어오기도 해요. 여기서 먹는 간식인 초콜릿 같은 건 구경할 수가 없어요. 커피 같은 것도 없고, 누룽지탕만 있어요.

참여자 3 : 커피도 캔으로 들어오긴 해요. 중국 장마당에서 유통되고, 고위급들만 마시는 거죠. 처음에 저는 캔 커피였거든요. 레쓰비 비슷한 거. 굉장히 기대하고 마셨는데 너무 맛이 없었어요. 드라마에서 보면 로망이었는데, 실제로 마셔보니 그냥 누룽지 같은 맛이었어요. 맛이 안 맞았어요.

람 : 배급이 지나고 장마당이 생기고는 많이 바뀌었어요?

참여자 4 : 이제 국가를 바라보지 않게 된 거죠. 일해도 배급이 없으니까요.

참여자 1 : 배낭을 메고 장마당으로 출근하는 거죠. 반찬도 많이 바뀌었고요.

참여자 3 : 그때부터 많이 바뀌었어요. 중국을 오가면서 밀수가 시작되었죠. 처음에는 생활필수품이 들어왔던 것 같고, 먹는 것 중에는 밀가루, 소시지, 옥수수가 많이 들어왔어요. 무산 철이 세계적이라서 그걸 싼 밀가루와 바꾸는 거예요. 그 좋은 자원을요. 그때 살 때는 철이 그렇게 귀한 줄 몰랐어요. 굶는 것보다는 나으니까요. 밀가루, 설탕, 기름도 들어오고, 시장에서는 꽈배기도 팔고, 두부를 개발해서 유부초밥 비슷하게 만들기도 했어요. 인조고기가 기계 도입과 함께 생기고, 정말 많이 바뀌었어요. 죽으란 법은 없더라고요, 어떻게 해서든지.

참여자 1 : 배급이 안 되니까 자기가 장사해서 돈 벌어, 사 먹는 거죠. 만약 신밭이 남으면 물물 교환해요. 뒷거래를 하죠, 식량과 바꿔 먹고요. 옷, 신발, 책 등으로요. 신발이나 도자기를 시골에 갖고 다니면서 물물 교환하는 거예요. 그러면서 유통이 되죠.

참여자 3 : 그때도 반찬은 콩나물, 감자, 호박 같은 것들이었어요.

참여자 2 : 양배추가 나오면 양배추 볶아 먹고, 자연의 리듬에 따라 먹는 거예요.

참여자 3 : 제철 음식을 청정 지역에서 먹고 살았던 거죠.

참여자 2 : 여기는 일 년 내내 있으니까 잘 안 먹게 돼요. 거기는 무조건 쫓아가게 되어 있어요. 배추가 나오면 배추 먹고, 사과가 나오면 사과 먹고, 제철 과일을 먹어요.

참여자 4 : 파도 있잖아요. 파를 뽑아서 씻어 된장에 찍어 먹으면 정말 맛있어요. 대파가 그렇게 달고 맛있어요. 파 자체가 맛이 다르더라고요.

참여자 3 : 저희는 식품 상점이라고 해요. 한 달에 된장 몇 킬로, 간장 몇 킬로, 소금 몇 킬로 이렇게 주거든요. 여기 오니까 간장 종류가 많더라고요. 그런 개념이 없었어요. 그때는 그랬어요.

참여자 2 : 일반 된장 있고, 육된장도 있어요. 돼지고기 삶은 것도 있죠.

참여자 1 : 대체로 심플했어요. 단순하게.

참여자 2 : 어떤 사람이 남편 생일날 미역국에 아무 간장이나 넣은 거예요. 남편이 맛없다고 안 먹어서 상처받았다고 하더라고요. 국간장이 따로 있는 줄 몰랐대요. 거기에는 국간장과 진간장이 따로 없거든요. 간장이면 한 가지예요.

참여자 1 : 근데 보통 간장을 국에 안 넣었던 것 같아요. 된장으로 간을 해요. (소금으로 안 하고요?) 소금하고 된장을 같이 넣어요. 기본적으로 된장국이죠. 김치를 끓여 먹잖아요, 그걸 왜 끓여 먹어? 그랬어요.

참여자 2 : 김치밥도 많이 해 먹어요. (볶음밥요?) 아니요. 가끔 볶을 때도 있지만, 기본은 썰어서 가마에 깔고 쌀 씻어서 놓고, 무나 감자 같은 걸 넣어서 해요. 산에서 캐온 무가 진짜 맛있어요. 빨간 무, 채 쳐서 무국 많이 먹었잖아요.

참여자 1 : 막김치를 만들어서 먹었어요.

참여자 2 : 감자 하다 보면 떨어지는 줄거리 있죠. 무도 들어가고, 막김치예요. 배추에 떨어진 이파리와 무를 썰어 넣어서요. 통배추를 먹으려면 한 두 달은 기다려야 하니까 그 전에 먹는 거죠. 제일 먼저 먹는 게 채김 치인데, 금방 익잖아요. 백김치는 고춧가루가 없으면 만들 수 없죠.

참여자 4 : 배추 이파리를 싸서 대추를 깔고, 무, 문어, 잣 등 여러 가지를 넣어 서 양념을 다 해 싸는 거예요. 한 서너 달 정도 숙성시켜서 꺼내면 정말 맛있어요. 사과와 배를 넣는 집도 있는데, 냄새가 진짜 좋죠. 동네에서 다 같이 모여서 김장을 해요. 김장하는 날은 잔치예요.

## 2회기

람 : 오늘은 소울푸드로 시작해 봐요. 저는 김치찌개 좋아해요. (웃음) 소울푸 드란 자기에게 힐링이 되는 음식이랄까요?

참여자 1 : 음, 저는 엄마가 해주는 찰떡이 정말 좋더라고요. 절구에 쪄서 만드 는 거요. 지금은 시대가 바뀌어서 그렇지. 여기서 비슷한 건 인절미 예요. 찰떡에 고물을 묻혀 먹는 게 아니라, 푹 쪄지면 떡에 기름을 발라야 하잖아요. 북한에서는 밀어서 집에서 절편처럼 만들고, 거기 에 기름을 넣고 쪄요. 생기름을 바르기 때문에 종지에 꺼내서 먹어 요. 남들은 콩고물에 발라 먹지만, 그게 아니고 집게로 집어줘요. 정 말 맛있어요.

참여자 4 : 여기는 대부분 가공식품이잖아요. 콩기름이 북한은 압착식이에요. 직접 유기농 콩을 농사지어서 짜니까 100% 유기농이에요. 차원이 다르죠. 여기서는 그런 기름이 없어요.

참여자 1 : 여기는 정제 과정을 너무 많이 거쳐요. 북한의 콩기름은 노랗고 고 소해요. 완전 오리지널이죠. 콩이 본연의 맛을 유지하고 있어요. 여기는 기름 냄새가 없잖아요. 정제를 많이 하면 할수록 안 좋은 거죠. 한두 번 정도 하면 괜찮지만. 그래서 여기 와서 처음에는 가끔 해 먹었어요. 하지만 맛이 안 나더라고요. 그 기름이 다르니까요. 절구에 찧고 가마에 찌는 방식이 아니어서 맛이 달라요.

참여자 2 : 나는 만두가 좋아요. 만두는 얇게 피를 만들어서 하나만 먹어도 배부르게 크잖아요. 속에는 돼지고기랑 양배추를 볶아 넣고, 때때로 배추를 넣기도 해요. 거의 물만두처럼 국물과 함께 먹어요. (만둣국처럼요?) 네, 만둣국처럼요. 밀어서 칼국수도 해 먹고 자주 했어요. 남한에서는 그 맛이 안 나요. 재료도 있지만 소스가 북에서는 적게 들어가요. 원자재의 고소한 맛이 있잖아요. 여기는 부재료가 많잖아요. 거기는 재료가 몇 개 안 들어가도 맛있게 먹던 기억이 나요.

참여자 4 : 저는 김치가 좋아요. 할머니가 김치를 정말 잘하셨어요. 동치미, 겉절이도 뭐 안 넣고 해도 진짜 맛있었거든요. 여기서 애를 가졌는데, 그거 너무 먹고 싶어서 눈물이 날 정도예요. 동치미요. 북한은 다 백 프로로 장독대에 해놓고 숙성시키잖아요. 그런데 겨울에 함경도는 정말 추워요. 우물 파고 들어가면 냄새부터 확 달라요. 김치도 다양해요. 잘 사는 집은 보쌈도 하고, 동태 깍두기 다 다르거든요. 그런데 그 동치미 김치가 정말 끝내줘요.

참여자 3 : 저는 원감자 송편을 좋아해요. 속에 김치 같은 걸 볶아서 넣어요. 여기도 감자송편이 있잖아요. 여기는 콩 같은 걸 넣잖아요. 여기 식으로 말하면 채소 만두 같은 거죠. 채소를 볶아서 넣어요. 원감자는 얼리고 말려서 가루를 낸 거예요. 그런데 그게 정말 쫄깃쫄깃해요. 북한에서는 지붕에 올려놓고 자연으로 얼렸다 녹였다 하잖아요.

람 : 거기가 원재료가 더 좋은가요?

참여자 4 : 그렇죠. 왜냐하면 유전자 변이가 없잖아요. 여기랑 맛 자체가 다르죠. 만드는 방식도 다르고요. 오염 문제도 없어요. 시골 같은 데는 차가 한두 대 있을까 말까 하잖아요.

참여자 1 : 여기는 돼지 사료를 먹이잖아요. 거기는 집에서 사람 먹던 것도 주고, 풀 뜯어 먹이기도 해요. 솥에서 사람처럼 끓여서 먹여요. 그러니까 돼지가 항상 뜨끈뜨끈해요. 돼지 주사는 안 맞히고요.

참여자 3 : 처음에는 여기 와서 덜 배고파서 고향 맛이 안 나는가, 그랬는데, 그게 아니더라고요. 맛 자체가 다르더라고요.

참여자 4 : 여기는 가공을 정말 많이 해요. 상업화되어서요.

참여자 1 : 여기는 상추 하나 키우더라도 비료를 써야 해요. 좋은 걸 찾아 먹기가 힘들어요. 우리는 그냥 노지에서 키우잖아요. 농촌 같은 데는 나무도 때고, 우리는 재 같은 걸 뿌려요. 그러면 벌레가 죽더라고요. 재가 알칼리 성분이 있으니까요. 그래서 화학 약품은 안 쓰는 거예요.

참여자 2 : 여기서 유기농, 무기농 얘기를 하지만, 그쪽은 비료 자체가 없어요.

참여자 4 : 여기서 아프다 보니까 고향이 너무 그리워요. 진짜로. 통일되면 무조건 저기 가서 살 거예요.

참여자 1 : 언제 우리 고향에서 밤에 별을 못 본 날이 있었어? (모두 공감) 별이 다 보였잖아. 도시든 시골이든 상관없이. 여름이어도 새벽바람 맞으면 추워요. 도시에서는 언제 별을 못 본 날이 있었지?

참여자 4 : 제주도 한달살이 가서 봤어요. 제주도는 까맣잖아요. 그게 너무 익숙하더라고요. 남들은 무섭다고 하는데, 저는 하나도 안 무섭고 고요하고 좋아요. 잠도 그렇게 잘 오고. 몸이 기억하잖아요, 항상. 내가 살던 방식이 익숙해져 있는 거예요. 나는 현대화에 억지로 이끌려 왔구나. 나의 무의식은 정말 이런 데를 좋아하는구나, 진짜 체험했어요.

참여자 1 : 근데 신기한 게, 아침에 거기는 다 석탄불을 때요. 아침 5시쯤 되면 집집마다 연기가 막 나요. 그 연기 냄새가 왜 그렇게 구수한지~ 그런데 지금은 싫어요. 그쪽 연기하고 여기 연기하고는 달라요. 안 좋을 것 같은데 어렸을 때부터 맡아와서 그런지… 어렸을 때 굴뚝에서

연기나는 것 자체가 참 기분이 좋고 행복하더라고요. 여기는 미세먼
지잖아요.

참여자 4 : 저는 청정 지역에서 살다가 와서 암 걸렸나 봐… 이런 생각도 해요.

참여자 1 : 구글 위성 지도를 보잖아요. 옛날에는 파랗던 나무가 이제 없어졌더
라고요. 내가 모심기하고 놀던 곳이 다 벗겨져 있고, 그 주변에는 그
렇게 묘가 많이 있더라고요. 거기는 화장 문화가 없잖아요. 거기는
화장이 아예 없어요. 화장 문화가 들어가게 되면 난리 날 거예요.

참여자 4 : 조상 두 번 죽인다, 몽땅 땅에 묻어요.

람 : 그렇군요. 여기서 구하기 어려운 북한 음식이 있을까요?

참여자 2 : 옥수수 뻥튀기 가루는 구하기 어려워요.

참여자 3 : 탈북자들이 많이 팔아요. 수수 시장에 가면 꽃처럼 핀 게 있잖아요.
탈북자들이 중국을 통해 거래하는 게 있거든요. 그건 찬물에 넣어서
반죽해 어디서나 먹을 수 있어요.

참여자 4 : 바로 즉석이에요. 반죽해서 바로 먹어요. 고소하죠. 북한 미공급 시
대에 배급이 끊겨서 여자들이 나가서 장사할 때 기차에서 쉽게 먹을
수 있었던 음식이에요. 그래서 그게 추억의 음식인 거예요. 간편식
이에요. 하나 먹으면 정말 든든해요.

참여자 3 : 대학생이 기숙사 생활할 때 필수적으로 갖고 다니는 거예요. 기숙
사에서 밥이 부실하게 나오잖아요. 여기 와서 공장에서 일하는 사람
도 있긴 한데, 북한에서 먹던 그 맛이 안 나요.

참여자 2 : 돌배.

참여자 4 : 강원도처럼 추운 지방에서 자라는 열매인데, 입덧할 때 정말 먹고
싶었어요. 딸기랑 전혀 다르고, 미니 사과처럼 사이즈가 작아요. 가
을에 문을 열어놓으면 돌배 향이 진짜 나요. (모두 동감) 어릴 때는
따서 쌀독에 넣어두면 문을 열 때 향이 확 나요. 익으면서 매실 비슷
한데 모양이 다르죠. 모과 향처럼 향기롭고, 우리나라 배를 압축시

킨 느낌이에요.

참여자 1 : 그게 안 익으면 떫고 뻑뻑해요. 익어서 서리 맞아, 떨어지면 노래요 ~ 너무 노래져요. 산에 올라갔을 때 그 향과 맛을 찾았어요. 향이 그 렇게 좋아요.

참여자 4 : 저희는 그냥 까서 씻지도 않고 바로 먹어요. 유기농이니까 뭐 씻어 먹는다는 생각 자체를 안 했어요. 거기서는 농약 같은 거에 관심이 없어요. 물에 헹구고 이런 개념이 없어요.

람 : 그럼, 여기서는 어떻게 하세요? 씻으세요?

참여자 4 : 씻어야죠. 베이킹 소다나 식초 같은 걸로 해요.

참여자 2 : 북에서도 씻을 때도 있지만 산에서 따면 그냥 바로 먹는 게 많아요.

참여자 4 : 이건 무조건 씻어 먹어야 한다는 개념이 없어요.

모두 : 여기에서는 씻어 먹지요. 농약을 많이 친다고 들어서요.

참여자 4 : 송이는 비싼 거예요. 어릴 때 편도선이 아플 때 아빠가 그걸 말렸다 가 차를 끓여줬어요. 그걸 먹었더니 편도가 싹 나았어요. 자연산은 70-80만 원, 백만 원도 해요. 일반 송이 말고요. 송이는 재배할 수 없어요. 재배한다고 하면 다 가짜예요. 얼마나 까탈스러운지요. 북 한에서도 그게 얼마나 귀한지 몰라요. 하나를 아기처럼 다뤄요.

참여자 1 : 여름 한 철, 가을 막바지에만 나와요.

참여자 2 : 9월 말에서 10월 한 달 동안이에요.

참여자 4 : 그때는 몰랐는데 여기 오니까 그게 다 생각나더라고요. 연변에서 먹 었는데 그 맛이 안 나더라고요. 판매 루트가 다 있어요. 처음에는 향 수 때문에 북한 음식을 먹고 싶었는데, 이게 너무 비싸요. 중간 마진 이 커서 장사를 하다 보니 터무니없이 비싸져요. 먹다 보니까 그 맛 도 안 나요. 차라리 다른 걸 먹겠다는 생각이 드는 거죠. 결국 북한 것이 아니라 중국 것을 가져다 팔아요. 장도 고춧가루에 푹 담가서 오고, 점포도 없이 세금도 안 내면서요.

참여자 1 : 신랑이 내가 임신했을 때 두부밥을 했는데 '이게 뭐야?' 하더라고요. 정말 신기했어요. 만드는 과정이 여기랑 달라요. 어? 뭐 만들지?

람 : 인조고기가 그런 느낌인 것 같아요.

참여자 4 : 인조고기라는 표현이.

참여자 1 : 사람 고기로 만들었나 싶어요. 재료는 콩이에요. 콩고기라고도 하죠. 채식주의자들이 먹는 거예요.

참여자 2 : 그걸 벨트처럼 길게 뽑아서 잘라서 거기에 밥 넣고 양념 바르죠.

참여자 1 : 우리는 계속 들어와서 상관없지만, 여기 처음 듣는 사람은 좀 낯설겠죠.

참여자 3 : 북한에서도 태반을 먹으면 산후병이 없어질 거라고 하더라고요. 출산 후 태반을 스스로 먹어야 한다고 생각하는 사람도 있어요.

참여자 2 : 첫 아이를 낳고 산후병이 심한 사람은 내 것 말고 남의 것이라도 먹으라는 말이 있어요. 그걸 먹고 나서 좀 나아졌다고 하는 사람도 있었어요. 그때 이상하게 생각했어요, 저런 걸 다 먹나 하고. 아가씨 때라 열몇 살이었으니까요. 한 집에서 산후병이 난 사람한테 어르신들이 그게 최고라고 했던 것 같아요. 여자는 알고는 못 먹잖아요. 그래서 신랑이 어디 부위 고기인데 이거 먹으면 다 낫는다더라 하더라고요. 어떻게 먹였는지는 모르겠어요, 쌈 싸서 먹였는지. 그거 먹고 그 사람이 괜찮아진 것 같아서 한 번 더 먹어야겠다고 했대요. 그때 신랑이 말해줬어요.

참여자 4 : 플라세보 효과일 수도 있겠네요.

참여자 1 : 우리 보신탕은 무조건 먹었어요. 초복이면 꼭 먹었죠! 북한에서는 많이 먹었어요.

참여자 4 : 북한에서 제일 유명한 게 단고기라고 해요. 그게 보신탕이에요. 그런데 가공을 정말 맛있게 해요. 기름이 발등에 떨어져도 보약이라고

할 정도로 좋은 거예요. 하지만 여기 와서 인식이 바뀌었어요. 여기서 강아지를 키우니까, 먹는다고 하면 죄책감이 들어요.

참여자 1 : 고양이, 토끼, 닭, 개 다 골고루 먹어봤어요.

참여자 4 : 저는 고양이는 못 먹어봤어요.

참여자 2 : 개엿도 해요. 개를 잡아서 삶고 조청 같은 걸 넣어서 그렇게 만들어요. 배합해서 재워서 그 국물에다, 국물이 아니고 고기만요. 재어 두면 개가 삭아요. 숙성되는 거죠.

참여자 4 : 북한에서는 개엿을 보약이라고 해요.

참여자 1 : 아이가 안 서는 거예요. 그런데 개를 먹이니까 아이가 금방 서더라고요.

참여자 4 : 물개 성기가 있어요. 그게 북한에서 남자의 정력제예요.

참여자 1 : 북한에서 좀 사는 집들 있잖아요. 잘 되지 않는 집들은 (발기) 외국에서 사다 먹여요. 러시아에서요. 또 개 보신탕집 가면 그거만 따로 팔아요. 개당 얼마씩. 그런데 제가 들어본 결과로는 그거 먹어도 안 되는 사람은 안 돼요.

참여자 3 : 언제 제가 여기 와서 장어 꼬리를 먹었는데 사람들이 쳐다보는 거예요. 왜 그런가 했더니, 북한에서는 장어가 있긴 한데 여기처럼 일반적이지 않아요.

참여자 2 : 그런 거 북한에서는 혐오스럽게 생각해요.

참여자 3 : 뱀 종류를 먹는다는 인식이 별로 없어요.

참여자 4 : 뱀장어는 귀해서 못 먹었어요. 갈아먹으면 좋다고 하더라고요.

참여자 1 : 장어는 껍질을 벗겨 먹어야 하더라고요. 집에서 엄마가 껍질을 벗겨주셨어요. 바닷장어는 바다에서 잡힌 거죠! 바닷장어를 껍질 벗겨서 먹는 건가요? 아무튼 껍질을 벗겨야 하더라고요. 매끈매끈하잖아요. 어렸을 때, 9살 때 벗기는 모습을 봤어요. 9시 반에 집결해서 산에 올라가야 했거든요. 억지로 재우더라고요, 산에 올라가야 하니까. 자고 일어나니까 고소한 냄새가 나더라고요. "엄마, 뭐 해?" 하니까, 석유곤로에서 장어를 굽고 계셨어요. 기름이 돼지고기 기름처럼 쫙쫙 나오더라고요. 가을 장어라 그런지 정말 맛있었어요. 어릴 때 고기를 박스로 먹었던 기억이 나요. 엄마가 먹으라고 해서 한 입 먹었는데, 보니까 그게 제가 어릴 때 껍질을 벗겼던 뱀장어였어요. 그걸 싸 가지고 갔더니, 회사 직장 동료들이 아침에 식사를 하면서 "이게 웬 귀한 거냐!" 하며 다 먹었어요. 그 비싼 걸요.

참여자 2 : 거기 뱀술은 흔히 많이 있죠. 그런데 뱀을 먹는다는 개념은 없어요.

참여자 4 : 우리 동네에 어렵게 사는 친구가 있었어요. 어떻게 엄마 아빠가 자고 나면 애가 생겨서, 애가 열 명도 넘게 태어났어요. 그런데 제일 큰 애가 저랑 비슷한 나이였고, 막내는 기어다니더라고요. 북한은 그렇게 식구가 많아요. 그 집 애가 뱀고기를 정말 잘 먹는 거예요. 애가 우리 모임에서 먹으라고 막 줬어요. 그들이 그렇게 가난했는데도 뱀을 잡아먹었어요. 북한은 청정 지역이라고 하잖아요. 지금 생각해 보니, 그래서 그들이 그렇게 살지 않았나 싶어요.

람 : 독이 있는 뱀인지 아닌지 구분을 어떻게 하나요?

참여자 4 : 알아요! 딱 보면 살모사도 있고 순한 뱀도 있어요. 저는 잘 모르는데, 그 친구들은 알더라고요. 그래서 그런지 저는 뱀은 안 무섭고, 쥐가 더럽고 혐오스러워요. 그 친구 집에 다니면서 익숙해져서 그런지 모르겠지만, 쥐는 정말 싫어요. 혐오스럽고 시커먼 게.

참여자 1 : 여기도 뱀술 같은 거 해요?

람 : 네, 있어요.

참여자 4 : 뱀 좋대요.

람 : 저는 안 먹어봤어요. (웃음) 참, 같이 먹는 문화가 있죠. 여기도 저 초등학교 때까지 같이 숟가락으로 먹었거든요. 그런데 언제부터인가 자기 접시가 생겼어요. 북한에서는 어떻게 드세요?

참여자 1 : 우리는 국그릇, 밥그릇 다 따로 있었어요. (모두) 근데 시골 같은 데는 국그릇만 따로 두고, 밥그릇은 가운데 하나 그렇게 놓기도 해요.

참여자 2 : 반찬은 같이 놓고 먹어요.

람 : 국그릇, 밥그릇 크기는 어때요? 냉면 그릇 기준으로 얼마나 되나요?

참여자 4 : 아뇨, 그 정도는 아니고요. 대접 있잖아요. 그게 그냥 밥그릇이라고 생각하시면 돼요.

참여자 2 : 밥그릇은 좀 깊어요! 동그랗게!

참여자 1 : 옛날 밥공기라고 생각하면 되죠.

람 : 그렇군요. 여기서는 어때요? 개인 접시 놓고 드세요?

참여자 3 : 개인 접시 문화는 별로 없어요.

참여자 4 : 저는 옛날부터 아빠가 까탈스러웠어요. 그런 걸 보면서 자라다 보니, 엄마와 아빠 사이에 늘 가정불화가 생겼어요. 아빠는 도시를 많이 다녔거든요. 자재 인수원이었어요. 저는 그게 몸에 밴 것 같아요. 항상 정갈하고 깨끗해야 편하거든요. 그렇지 않으면 찝찝해요. 이게 좀 강박증일 수도 있는데, 그게 편해요.

람 : 그렇군요. 그러니까 개인 성향이 있지만 대체로 개인 접시 문화는 아닌 거네요?

모두 : 아니죠.

참여자 1 : 여기 와서 신랑이랑 둘이 먹으니까 그냥 하나 놓고 숟가락으로 퍼먹어요. 근데 지금은 애도 있으니까, 국자로 떠먹어요.

람 : 아, 그게 왜 그렇게 바뀌었을까요?

참여자 4 : 선생님, 제가 남한 문화를 봤을 때, 병균 때문이 아닐까요? 겨울에 B형간염 같은 것 때문에 바뀐 게 아닐까 싶어요. 전염병 때문에 위생적으로.

참여자 1 : 저는 그게 아니고요. 거기서 떠먹고 하자니 뜨거워서 흘려요. 그래서 국그릇에 담아서 먹으니까 편하고, 떠먹기 멀고, 제일 편하더라고요.

참여자 2 : 위생도 연관이 있지만, 제가 볼 땐 내가 먹을 만큼만 덜어 먹자는 생각으로 앞접시에 떠먹게 된 게 아닐까 싶어요. 남기지 않게!

람 : 아, 그렇군요. 북에서는 그런데 안 그랬죠?

참여자 1 : 북에서는 그냥 자기 국그릇, 밥그릇이었어요. 애들 같은 경우는 "너 많이 먹었네" 하면서 싸워요. "통강냉이 나가볼래!" 이러고요. 그러니까 아예 "이건 네 꺼" 하고 딱 정해 주는 거예요.

람 : 북한 욕인가 봐요. 참, 혼밥, 하나의 트렌드잖아요. 여기.

참여자 3 : 처음에는 왜 혼자 먹지? 청승맞게. 집에서도 혼자 먹는데 나가서까지 혼자 먹네? 이랬는데, 점점 그게 몸에 배니까, 한번 해보니까 아, 이런 거구나. 이제 즐기면서 잘 먹어요.

참여자 4 : 저는 남편이랑 살고 애도 낳고. 내면의 전쟁이 많겠죠. 속으로 "저 원수 덩어리!"라고 하면서, "저게 없으면 진짜 내가 살 것 같다" 이런 생각도 하고! 친구한테 전화해서 남편 흉보면 누워서 내 얼굴에 침을 뱉는 기분이에요. 같이 사는 남편인데, 남들은 잘 사는 줄 아는데 저는 뭔가 해결이 안 되면 안 먹어요. 대화를 해야 하는데 남편이랑 대화가 안 돼요. 그때 혼자 밥 먹으러 갔어요! 아, 이래서 혼자 밥 먹는구나! 혼자 영화도 보고! 홀로 영어를 배워서 여행을 해요! 유럽 여행을 홀로 해봐야 할 것 같아요.

참여자 1 : 옛날에는 그랬잖아요. 친구들 모여서 밥 먹자, 하면 서너 명이 모여서 공통된 음식을 먹었죠. 근데 지금은 아니에요. 각자 먹고 싶은 걸 먹어요. 그리고 더치페이도 하죠. 처음에 여기 와서는 그러지 않았는데, 작년부터 (입남 후 약 6년 넘게) 그전에는 사람들 모여서 "뭐 먹을래?" 하면 "나 싫어" 이러면 그게 예의가 아닌 것처럼 생각되었어요.

참여자 4 : 더치페이 같은 문화가 어색했는데, 저 언니가 하는 게 정확한 것 같아요. 왜냐하면 껄끄럽지도 않고, "아, 저 사람은 저럴 수도 있겠다" 싶어요.

참여자 3 : 저는 그냥 혼밥이 편해요. 북한에서는 혼밥할 일이 흔하지 않죠.

참여자 4 : 혼자 깊은 생각을 하고 싶을 때 혼밥을 해요.

참여자 1 : 북한에서 혼자 먹으면 왕따예요. 겨울에 난로 위에 음식을 올려놓으면, 저쪽에서 혼자 먹는 애가 있어요.

참여자 3 : 저는 거의 반찬을 내놓고 같이 먹어요. 친해지면 한 숟갈씩 나눠주고, 얘는 15숟가락이고 우리는 일곱 숟가락이에요. 양평 놀러 오세요.

람 : 네. 초대해 주세요. (웃음) 음식의 의미에 대해 생각해 볼까요? 배고파서 먹을 수도 있고, 대화하기 위해 먹을 수도 있고. 음식이 무엇이라고 생각하세요?

참여자 2 : 저쪽에서는 배고프면 먹었는데, 여기서는 건강을 위해서 내가 먹어 줘야겠다 생각하게 되죠. 음식에 대한 개념이 달라졌어요. 거기서는 재료가 생기면 먹고, 여기서는 그렇지 않잖아요. 저는 옛날에 오이, 토마토, 사과 같은 건 입에도 안 대었어요. 버섯은 맛도 안 봤고요. 캐러멜이나 과자는 주머니에 넣고 다녔죠. 캐러멜은 이만하잖아요. 엿 같은 건 고소하잖아요. 북에서 캐러멜을 먹었다면 완전 부자죠? (웃음)

참여자 4 : 완전 부자죠.

참여자 2 : 여기서는 내가 먹고 싶지 않아도 먹게 되더라고요.

참여자 4 : 여기 TV 영향도 많이 받아요.

모두 : 많이는 없어요. 건강에 대한 정보가 거의 없어요.

참여자 2 : 저는 미역 입도 안 대었어요. 미역을 먹는다는 개념도 없었죠. 배춧국은 먹었지만, 미역국은 안 먹었어요.

참여자 1 : 제가 동해에 살아서 여름에 엄마랑 바다 놀러 가요. 삼 교대면 오전에 시간이 있잖아요. 여름에는 성게도 잡고, 참미역이 잘 나와요. 놀러 갔다가 그냥 오기는 그렇잖아요. 여자들이니까 좋은 거예요. 주워 와서 바다에 휩쓸린 걸 무쳐 먹었어요. 그런데 국은 끓여 먹지 않았어요. 여기 오니까 국을 먹게 되더라고요. 거기서는 생일날에 국수 먹었죠.

참여자 3 : 신의주 쪽은 미역국을 먹어요. 지역마다 달라요.

참여자 4 : 할머니가 전라도 사람이세요. 할머니는 미역국에 삶은 계란 반을 넣으셨어요.

참여자 3 : 출산하면 미역국 먹지 않나요?

참여자 2 : 난 배춧국을 먹었어. 언니가 정말 예민해!

람 : (웃음) 그러니까 생존을 위해 먹은 음식이 많네요.

모두 : (공감)

람 : 데코를 아주 신경 안 쓴 건 아니죠?

참여자 4 : 아녜요. 있는 집들은 자랑을 해요.

참여자 1 : 겨울에 김치를 담그잖아요. 도마에 올려서 잘게 썰고, 접시에 정갈하게 동그랗게 놔요. 흩어지지 않게. 접시들이 크고, 다른 곳에서 접시가 그렇게 안 되어 있으면 "야, 뭐야?" 이래요. 손님 오면 무조건 김치 대가리는 딸들이 못 먹게 했어요. 시집가면 못 산다고.

참여자 4 : 오히려 멋 내고 이런 걸 좋아해요. 없어서 그런 걸 수도 있죠. 예쁘고 심플하게.

람 : 아, 그렇군요. 음식에서 가장 중요시하는 부분이 있을까요?

참여자 1 : 말도 못 하게 하고, 머리를 딱 매고, 간도 못 보게 해요! (모두 동감) 조상들이 드시기 전에는 머리카락 하나, 먼지 하나 들어갈세라, 걸음도 사뿐사뿐.

참여자 4 : 그리고 할아버지가 듣는다고 조용히 하라고 해요.

참여자 1 : 제사 음식은 상에 올라가면 내려오기 전에는 누구도, 하다 집어먹어도 절대 안 돼요.

참여자 4 : 그런데 그게 차이가 있더라고요. 북한에도. 함경도인데, 남편은 "뭐 어때?" 하면서 음식을 하던 중에 애들 줘요. 남편이 북한 사람이어도 그러더라고요.

참여자 3 : 아빠가 숟가락 들기 전에는 애들이 못 들어요.

참여자 4 : 은근히 엄해요. 남자들이 주방에서 일하면 뭐가 떨어지는 줄 알아요.

참여자 1 : 집집마다 다르긴 한데, 보통 봉건적인 집안에서 특히 해방 전 살던 집들은 지주였어요. 할머니가 황해도 교방대 나갔어요. 북한은 마음대로 못 다니잖아요. 통행증이 없으면 안 돼요. 승인 번호가 있어야 해요. 그때 할머니가 70세인데 한복을 입고 계셨어요. 면으로 된 형태로. 주방에 들어가면 머리에 수건 쓰고 비녀를 꽂아요. 그게 내가 어렸을 때니까 80년대예요. 89년, 내가 11살 때. 손주 손녀들은 무릎 꿇고 앉아야 해요.

참여자 4 : 남존여비 사상이 굉장히 심하고, 음식은 당연히 여자가 해야 한다고 생각했어요. 숙명이구나.

참여자 1 : 근데 떡칠 때는 남자가 했어요. "야, 남자가 안 하고 뭐 하니?!"

참여자 4 : 근데 어떤 집은 떡마저 안 쳐줘서 여자가 쳐요. 지금 같으면 대가리 탁 쳐버릴 텐데 그때는 몰랐어요. 말했다가는 맞죠. 그런데 여기 오니까 우리가 그런 나라에서 살았구나, 느끼는 거죠.

참여자 1 : 독 옮기는 건 해주지. 석탄 나르고. 남자들 할 일이 따로 있는 거지. 북한에도 이혼이 많아요. 재판소장인가, 이혼을 허락합니다. 더 쉬워요. 허리가 좋은 집들은 해줘요. 허리 안 좋은 집은 안 해줘요. 그냥 살아라 그래요.

참여자 2 : 돈 있으면 돼요. 채색 TV 하나 줄게 하면 바로 나와요.

람 : 그렇군요. 햄버거 드시나요?

참여자 1 : 햄버거 안 먹어요. 전자레인지에 돌리는 건 별로예요. 맛을 못 들였어요. "맛있다" 이런 느낌을 못 받았어요. 김치찌개도 이제 맛을 좀 들이고, 대신 된장찌개는 안 만들어져요. 맛이 없어요. 이상해요.

참여자 1 : 믹스 처음에는 달달하네. 먹다가 한동안 아메리카노만 마셨던 것 같아요. 연하게 타면 숭늉 맛 나요. (모두 공감)

람 : 차 종류 중에는 뭐가 좋아요?

참여자 4 : 저는 녹차요.

참여자 3 : 저는 차 안 좋아해요. 거의 물만 마셔요.

람 : 못 드시는 거 있으세요?

모두 : 없어요. 차는 부담감이 없어요.

참여자 1 : 여건이 안 되니까 못 먹는 거예요.

람 : 후식은 주로 어떻게 드세요?

참여자 2 : 밥 먹고 후식을 먹는다는 생각 자체를 못 해요.

참여자 1 : 어렸을 때는 밥 먹고 간식을 먹는다고 하면, "무슨 간식을 먹냐, 소화 안 돼" 이런 소리를 많이 들었던 것 같아요. 어른들이 그렇게 얘기해요. 밥 먹고 한두 시간 지나서 후식 개념이 없어요. (모두 공감)

참여자 4 : 고모부는 삼 년간 러시아도 다녀왔고, 완전히 고위직이에요. 경수로 할 때 호텔 주방장이었어요. 전문층 상대하는 만수대 창작사, 중앙당이에요. 거긴 달라요.

참여자 2 : 일반 주민은 후식 개념이 없지만 엘리트 중앙당 간부들은 후식 개념이 무조건 있어요. 식사 끝나면 돌배 두 알 후식이에요. 일호, 이호, 삼호 사과 있어요. 사과도 맛보려 해도 없어요. 빈부 격차가 엄청 심해요.

참여자 2 : 사과 딱 집에 놓으면 집에 들어오면 향이 너무 좋아요. 그게 왜 달

수밖에 없냐면, 나무 있죠. 그 밑에 거름 설탕을 포대로 부어요. 사과가 꿀처럼 달아요.

참여자 1 : 애피타이저 개념은 없고 숭늉이었던 것 같아요. 아버지들은 식사하시고 무조건 숭늉 드셨죠.

참여자 4 : 저는 어렸을 때 아빠가 드시는 걸 훔쳐 먹었어요.

참여자 1 : 거기는 동약국과 신약국이에요. 동약은 한약이고 신약은 양방이에요. 거의 환으로 많이 나와요. 우리 엄마가 제가 밥을 잘 못 먹으니까 계속 사서 입에 넣어줬던 것 같아요. 정기적으로 챙겨 먹었던 건 없어요. 오메가-3, 비타민 같은 건 없었어요. 지금은 챙겨 먹어요.

참여자 1 : 비타민은 생기는 대로 다 먹어요.

참여자 4 : 나는 비타민 C, 비타민 D, 오메가-3 이렇게 세 가지를 먹어요.

참여자 1 : 제가 안구건조증이 심했어요. 눈이 까끌까끌했는데 루테인을 1년 먹었더니 눈이 괜찮아졌어요. 와, 이게 진짜 좋네!

람 : 아, 그러셨어요? 이런 경험들이 있어서 계속 드시는 거예요?

참여자 2 : 난 아무것도 안 먹어. 건강에 좋다는 건 아무것도 먹지 않아. 인사돌 같은 거 사 먹으면 좋을지 궁금한 건 많지만 사 먹게는 안 되더라고. 대한민국에서 건강을 챙길 수밖에 없어. 자고 일어나면 TV에서 많이 보잖아요. 너무 주입이 많아. 세계에서 가장 비싼 오줌을 싸는 사람들은 미국 사람들이래. 비타민을 그렇게 많이 먹어서 어떤 사람은 하루에 약만 78알을 먹기도 해. 안 먹는 사람이 더 나쁘다는 과학적 근거는 없어요. 약을 많이 먹는 부부, 에스더 부부 그 사람과 안 먹는 사람은 똑같은 거예요. 건강적으로 비타민을 많이 먹어야 좋다는 근거는 없는 거예요. 내 체질에 맞아야 해요. 내 몸에 약이 되는지 독이 되는지.

참여자 1 : 자기가 경험하는 것도 있고, 남들이 먹으니까 "아, 그래?" 하고 나도 한번 먹어보게 되는 거죠.

참여자 4 : 비싸다고 좋은 건 아니에요. 광고 비용이 많이 들어가니까요.

참여자 1 : 한 달에 한두 번 정도요.

참여자 4 : 저는 한 달에 4번 정도 외식해요.

참여자 1 : 요리하기 싫거나 지겹다고 느낄 때 한두 번 나가요. 진짜 맛있는 집에 가야 그 맛을 느낄 수 있죠. 그렇지 않으면 집에서 만든 음식이 더 나은 것 같아요.

참여자 4 : 저희는 외식할 때 남편이 분위기를 많이 따져요. 남편은 떡볶이도 안 먹는 사람이에요. 떡볶이를 먹으면 뭐가 난다고 생각하죠. 그런 식으로 사는 사람이에요. 불고기 먹으러 가면 보통 10만 원 정도 들어요. 우리 애도 분위기를 타요.

참여자 1 : 저도 분위기를 타고 싶은데 애가 있으니까 힘들어요. 앉아서 고급스럽게 먹고 싶지만, 애가 어리니까요. 파스타도 맛있게 먹고 싶은데 애가 정신이 없어서 차라리 집에서 먹는 게 나아요.

참여자 4 : 저탄고지. 책을 읽어봐요, 언니. (웃음)


# 3회기

람 : 오늘은 북한에서와 달리 변화한 문화(탈문화)에 관해 살펴보려고 해요.

참여자 4 : 저는 말투가 거칠었어요. 밥 먹을 때도 그랬고, 단고기와 개고기를 엄청 좋아했어요. 여기서는 개에 대한 동물 학대 문제 때문에 자제를 하게 되더라고요. 또 여기 와서 강아지를 키우다 보니 먹기가 좀 그래요. 저희 아빠는 7~8월에 개장국집을 하세요. 그래서 아빠랑 둘이서 가서 먹곤 했어요. 그때는 죄책감 없이 먹었어요. 왜냐하면 그건 보약이라고 생각했거든요.

참여자 3 : 개를 자기가 키우다가 잡아먹어요.

*참여자 4명 중 3명이 자기가 키운 개, 토끼 등을 잡아먹어 본 경험이 있었다.*

참여자 4 : 그런데 여기 남한에서는 개를 먹으면 나를 보는 시선이 좀 그런 것 같더라고요. 왠지 여기서는 개를 먹으면 스스로 죄를 짓는 것 같은 느낌이 들어요. (모두 동감)

람 : 세 분은 내가 키우다가 조리해서 먹었다는 거잖아요. 그럼 조리하면서 어떤 생각이 들어요?

참여자 1 : 몰라요. 그냥 엄마들이 해주니까 먹어요. 엄마, 아빠들이 해주니까요. 우리는 안 했죠.

참여자 4 : 그러니까 잡을 때만 안 보면 가공해서 맛있게 먹을 수 있거든요.

람 : 엄마, 아빠가 옆에서 잡는 거 알잖아요.

참여자 1 : 알죠. 울지요. 정이 있으니까 불쌍하기는 해요. 우리는 그때 아가씨였으니까 잡지는 못했어요. 그런데 아버지들이 잡자고 하시니까, 아버지들이 하게 되잖아요. 손질해 놓고, 그걸 엄마들이 부엌에 가져가서 만드는 거죠. 학교나 일 갔다가 들어오면 딱 안 먹던 냄새잖아요. 평소에 고기를 접하지 못하는 상태니까. 먹고 싶어요. 그 끓는 냄새만 맡아도요. 울면서도 먹어요. 불쌍해서 울죠.

참여자 4 : 그런데 애들은 철이 없잖아요. 다 먹으니까 먹는 거죠. 그냥 고기니까.

람 : 개 눈빛. 좀…

참여자 1 : 그쵸. 같이 놀던 추억 같은 거 있죠.

참여자 3 : 먹고 나면 괜히 찝찝하긴 해요.

참여자 1 : 그럼 엄마들이 강아지 한 마리 가져오자고 하죠. 그래서 또 키워요.

참여자 4 : 저는 그렇게 사니까 당연히 그런 거구나 하고 그냥 먹었어요.

참여자 3 : 개고기는 먹을 게 없어 먹는 게 아니라 특식이잖아요. 보양식. 고기 먹을 기회가 별로 없으니까.

참여자 4 : 보양식이죠.

참여자 1 : 돼지는 물론이고, 개, 토끼, 고양이. 닭을 키우면 닭, 오리를 키우면 오리. 한때 오리 키우세요! 장려하면 또 키워요. 북한은 4월과 10월이면 위생 관리 때문에 난리 나요. 봄, 가을이면요.

람 : 동물에 대한 개념이 다르겠죠?

참여자 4 : 문화적 충격이 큰 것 같아요. 여기서는 개를 자유롭게 데리고 다니잖아요.

참여자 1 : 북한에서는 개를 집안에서 키울 수 없었어요. 집에서 키우면 "아우, 뭐야?" 하면서 다들 놀라요. 작은 개는 없었고, 다 큰 개들만 있었어요. 그때는 개가 들어오지 않았죠. 모두 잡종이었어요.

참여자 4 : 돈 있는 사람들은 좋은 개를 키워요. 셰퍼드 종 같은 건 백 달러, 이백 달러 하죠. 97년도에 함흥이나 청진에 가면 괜찮은 집들은 그런 개들을 키웠어요.

참여자 1 : 외국 문화가 들어오니까 작은 개가 생긴 것 같아요. 그전에는 아마 없었을 거예요.

람 : 여기서 사람들이 개를 안고 다니는 걸 보니 어떠셨어요?

참여자 1 : 처음에는 좀 (노려보는 흉내) 그랬죠.

참여자 4 : 북한에서는 〈자본주의가 썩어빠진 세상〉이라는 영화를 보여줬어요. 개가 죽으면 제사를 지내고 그런 영화였죠. 그래서 그런 걸 보면서 이상하게 생각했어요.

참여자 1 : 북한에서는 그런 영화가 정말 인기가 많거든요.

참여자 4 : 그런 걸 정말 혐오스럽게 생각해요. 짐승에게 그렇게 대하는 거.

참여자 1 : 제 부모님한테도 제대로 못 하면서.

참여자 4 : 결국, 팩트는 남한에 가지 말라는 거죠.

참여자 1 : 자본주의는 이렇게 썩어빠졌다고요.

참여자 4 : 지금은 누가 해놓은 건 먹을 것 같아요.

참여자 3 : 저는 가끔 1년에 한 번은 먹고 싶은데, 사육 상태가 너무 별로예요. 좀 찝찝해요. 예전에 개가 관절이 안 좋아서 피스 같은 걸 관절에 넣었더라고요. 철심 같은 거요. 그걸 본 이후로는 별로예요.

참여자 4 : 언니, 땀 빼면 되게 개운하잖아요.

참여자 1 : 저는 좀 징그럽다는 생각이 들어요. 마인드가 많이 바뀌었어요.

람 : 환경의 영향이 중요하네요. 북한인지 남한인지.

참여자 1 : 그렇죠. 모든 사람이 그러면 나 혼자 안 하면 안 되잖아요. 따라가는 거죠.

참여자 2 : 여기 처음에 산에 가면 도토리 주워가지 말라고 하니까 이해가 안 되었어요.

참여자 3 : 저희는 학교에서 도토리 50kg 주워 와라, 잣 100kg 따 와라, 했어요. 오전에 학교 가고 오후에 산에 가서 따와서 학교에 바치면 그걸 팔아서 선생님들이 나눠 가지고, 학교 기와 같은 것도 하고 그랬어요. 자체 해결, 자력 갱신이었죠.

참여자 4 : 나도 그랬어요. 중학교 2, 3학년 때쯤. 우리 학교는 장출(약재) 캐와서 바치라고 했어요. 우리 학교 교장선생님은 정말 장사꾼 스타일이었어요. 그런 거 해서 자기 이익을 챙겼죠. 토끼 가죽도 내고, 철, 동도 다 가져오라고 했어요.

참여자 3 : 작은 애들이 화초를 20-30kg씩 끌고 가요. 학교에 바치고 안 바치면 돈 내라고 하고요.

참여자 1 : 기준이 있어요. 학생들이 1년에 토끼 가죽 몇 매씩 내야 해요. 한 해마다 토끼 4마리씩. 그러니까 키우지 못한 애들은 시장에 가서 토끼 전문으로 하는 데서 사야 했어요.

참여자 4 : 나라를 지키는 군인 아저씨들 패딩이나 군인들이 추울 때 목도리 해주라고 해요. 결국 학생들이 희생하는 거죠.

참여자 1 : 개 가죽도 내라고 해요. 동사무소에서 끌고 가려고 하니까 울고불고

난리 쳤는데도 끌고 갔어요. 인민반에서도 몇 장씩 내라고 하더라고
요. 개가 알아서 안 가려고 하니까 억지로 끌고 가요.

참여자 1 : 난 장갑 내라고 했어요. 돌격대를 준다고 하면서 몇 그릇씩 내라고
했어요.

람 : 아, 그렇군요. 참, 북한에서 5대 영양소는 인식하셨었나요?

참여자 1 : 그런 개념 자체가 없어요. 아이들이 자랄 때 뼈를 끓인 물은 꼭 먹여
야 한다는 이야기는 하죠. 뼛국물 정도는 먹으면 좋다고 생각해요.
예전에는 큰 수술 같은 경우 배를 가르고 했잖아요. 그럴 때 보양식
을 해야 한다고 하죠.

참여자 3 : 뭐든지 식재료가 풍족하고 많으면 좋죠.

참여자 4 : 먹을 게 흔치 않으니까요.

참여자 1 : 옥수수쌀을 배급받는데, 그게 소화가 안 돼요. 아이들은 배가 뽈록
하게 부풀어요. 영양 교육도 없었고, 영양 개념이 거의 없었어요. 여
기 와서는 그래도 좀 먹으려고 하죠.

람 : 영양소를 챙겨야 한다고 생각하세요?

참여자 3 : 머리로는 알지만, 또 그냥 대충 먹게 되더라고요.

참여자 4 : 북한에서는 겨울에 오이를 먹을 수 없는데, 여기서는 다 먹고, 저는
파프리카를 나름 챙겨 먹어요. 주로 단백질, 칼슘, 비타민을 챙겨 먹
고요. 지금은 식재료를 살 때 합성 첨가물이 얼마나 들어갔는지 잘
봐요. 대한민국은 인스턴트에 길들었어요. 가공된 게 많잖아요. 그
래서 함량을 엄청 따지게 되었죠. 생각이 많이 바뀌었어요.

참여자 1 : 저는 챙겨 먹지는 않지만, 생기면 먹어요. 예전에는 입도 대지 않던
음식들이었어요. 오이, 토마토, 콩나물. 이제는 건강에 좋다고 하니
까 의식적으로 먹게 되더라고요. 사람들 만나고 TV를 보면서 '아,
이건 몸에 좋은 거구나' 하고 먹게 되는 거죠.

참여자 4 : 브로콜리가 신기했어요. 나무처럼 생겼잖아요. 이걸 먹는 건가 싶었

어요. 북한에는 브로콜리가 없어요. 처음에는 나무를 베어놓은 것 같았어요. 어린 나무 같았어요.

람 : 그렇군요. 그럼 이제 3식에 관해 여쭤볼게요. 아침이나 점심에 꼭 드셔야 하는 게 있으신가요?

참여자 4 : 북한에서는 항상 밥상에서 가족끼리 앉아서 이야기를 나누었거든 요. SNS가 많이 발달하니까, 남편이 사업을 하다 보니 가족끼리 앉 아서 밥 먹기가 힘들어요. 따로 노는 느낌이 들어요.

참여자 1 : 그 말이 신기했어요. 배고프면 먹는다. 그게 밥 먹는 시간이에요. 밥 먹어야지 하면 안 먹는 경우도 많잖아요? 먹을 때는 배고파서 먹는 거죠.

참여자 3 : 거기서는 그냥 시간 맞춰서 먹었어요. 7시, 12시, 5~6시. (모두 공 감) 배가 안 고플 수가 없는 게 군것질을 거의 안 해요.

참여자 4 : 배꼽시계가 정확해요. 북한 사람은 보통 9시, 10시면 자요.

참여자 1 : 보통 6시 반이면 밥상이 차려져 있어요. 북한은 8시면 일 시작이에 요. 아무리 늦어도 7시에는 아침을 끝내야 해요.

참여자 3 : 잠을 잘 수가 없어요. 청소하러 나오라! 인민반이 문을 막 두드리고 다녀요. 특히 눈이 올 때는 눈 치워야 한다고요.

람 : 그런데 아침에 일어났는데 배가 안 고프면 어떻게 해요?

참여자 3 : 배고파요! (아이 때는 먹기 싫지 않나요?) 아니요. 아이들이 밥을 기 다려요. 여기는 먹을 게 너무 흔해서 그래요.

참여자 1 : 주말에는 그런 경우가 있어요. 늦잠 자죠. 우리도 출근하는 게 힘 든데, 너희들도 힘들지 그래요. 주말 전날에는 밤 12시까지 뛰어 놀아요.

참여자 4 : 지금 우리 아들이 아침을 안 먹고 가면 제가 다 불안해요. 우리 아 들(9세)은 계란을 정말 좋아해요. 그래서 달걀 두 개에 김치, 사골국 있으면 좋아해요. 계란 두 개는 무조건이죠.

람 : 환경이 중요하네요.

참여자 1 : 여기서는 일 다니고 싶으면 다니고, 먹고 싶으면 먹고 그러죠. 거기는 무조건 일 가야 되고, 학교 하루만 안 가면 데리러 가요. 근데 북한 통화해 보면 많이 변했어요. 이미 자본주의가 들어간 지 좀 됐죠.

참여자 3 : 치아에 박는 걸 뭐라고 하죠?

참여자 2 : 피어싱! 피어싱을 하는 게 그렇게 유행이래요. 치아에 큐빅 같은 걸 달잖아요. 유행도 그들이 만들어냈나 봐요. 여기서는 치아에 그런 걸 안 하잖아요. 치아를 반 정도 드릴로 뚫어서 본드로 붙인대요.

람 : 치아 교정을 피어싱으로 오해하셨군요.

참여자 1 : 쌍꺼풀은 12살부터 시작해요. 교정도 들어갔을 거예요.

람 : 네. 알겠습니다. 그럼, 혼밥 얘기로 가볼게요.

참여자 1 : 이제 혼밥을 잘해요. 예전에는 혼자 밥 먹는 게 이상하게 보였죠. 지금은 혼자서 잘 먹어요. 멋있다기보단 편안함을 느껴요. 혼자 먹는 것도 괜찮다고 생각하게 됐어요.

참여자 4 : 익숙해요.

람 : 혼자 고기 구워 먹는 건 어때요?

참여자 1 : 그것도 괜찮은 것 같아요.

참여자 4 : 고기는 같이 구워 먹어야 하지 않나요?

참여자 1 : 저는 고깃집에 가면 보통 제가 고기를 구워요. 다른 사람들이 구우면 답답해서 제가 해요. 그러면 누가 챙겨주잖아요, 그럼 저는 못 먹게 돼요. 혼자 구우면 챙겨주는 게 없고, 제가 먹을 수 있으니까요. 식당에서 일해본 경험이 있어서 그런가, 챙겨주는 성향이 있어요.

참여자 3 : 저는 북한에서 돼지고기를 못 먹었어요. 냄새 맡는 것도 힘들었고, 돼지고기 국을 끓이면 다 먹어도 저만 못 먹었어요. 아빠한테 혼나서 울었던 기억이 나네요. 왜 못 먹는지 궁금했는데, 여기 와보니까 제 비위가 약하다는 걸 알게 됐어요. 한방 병원에 가면 돼지고기가 안 맞는 사람도 있다고 하더라고요. 한의사가 돼지고기는 성질이 차고 저처럼 비위가 약한 사람한테는 안 맞는다고 하더군요. 몸이 차가운 사람은 설사를 유발할 수 있다고 해요. 그래서 제가 못 먹었던 거예요.

참여자 1 : 한의사들이 그런 얘기를 했어요.

참여자 1 : 저도 한의학을 배운 적이 있어요. 서로 책을 공유하면서 공부했어요. 책 구하기가 어려워서요.

참여자 3 : 빵도 먹으면 체하고 소화가 잘 안 돼요. 밀가루도 성질이 차서 비슷하더라고요. 양방 병원에서도 어떤 건 피하라고 하더군요. 혼란스러워서 결국 내가 먹어보고 맞으면 맞는 거죠.

참여자 1 : 저도 허리가 아프고 어깨도 아프니까, 뼈가 문제라고 생각했어요. 지금 보니 근육이 정말 중요한 역할을 하는구나 깨달았어요. 정형외과에 가면 근육이 굳어서 그런다고 하잖아요.

참여자 4 : 북한에서는 민간요법이 엄청 많죠. 우리 아빠는 겨울철에 찹쌀, 마늘, 꿀을 섞어주곤 했어요. 기관지에 좋다고 하더라고요. 그거 먹으면 플라세보 효과인지 모르겠지만 정말 괜찮았어요. 어릴 때부터 냉증이 있었거든요. 손발이 차고 배도 차서 생리 현상이 제대로 안 됐어요. 아빠가 의사랑 친했어요. 북한 의사들은 정말 유능하죠. 한방과 양방을 모두 다루니까요. 여기는 기계적이고 시스템적으로 움직여요.

참여자 1 : 북한은 외과 의사들이 유명하고 유능한 의사들이 많아요. 청진기와 경험을 기반으로 하죠.

참여자 4 : 체한 건 침으로 한 방에 뚫어요.

참여자 2 : 여기 의사들은 환자 말을 70~80% 듣더라고요. 북한은 의사가 선택을 해요.

참여자 4 : "가만히 있으라"라고 해요. 안그러면 "너 의사냐"라고 하죠.

참여자 1 : 그러다보니 여기 병원이 습관이 안 돼요. 여기는 환자가 아프다고 말하잖아요. 북한에서는 가만히 있으라고 해요.

참여자 3 : 청진기가 만능 검사기예요. 이걸로 다 해요.

참여자 4 : 딱 간염이라고 해요. 맞아요. 그러면 간 복수가 차요.

람 : 환자는 몸을 다 맡기는 편이네요.

(모두 동감)

참여자 1 : 이제야 습관이 돼요.

참여자 4 : 처음에는 여기 사람들이 의사야? 이렇게 말하면 안 되는데 그랬어요. 문화적 차이예요.

참여자 1 : 북에서는 의사들이 청진기 하나로 사람의 숨소리 하나 듣고 맞추는 거예요.

람 : 감기 걸리면 뭐 먹어요?

참여자 1 : 어릴 때 깔짝새 먹었던 것 같아요. 감기약은 있어요. 종합 감기약은 아니고, 해열하고 소염 정도요.

참여자 3 : 병원은 웬만하면 안 가요. 많이 아프면 가면 폐렴이라고 해요. 그러면 "어떻게 해요?" 하면 "시장에서 약 사오세요"라고 해요.

참여자 4 : 페니실린이 만병통치약이에요. 우리 고모가 약장수였어요. 지금은 많이 달라졌죠. UN에서도 많이 지원하고, 지금도 밤에 약 파는 집에 가서 문 두드려서 약 사요.

참여자 1 : 저희 어렸을 때 아이들에게는 무조건 한방약을 줬어요. 사포닌이 많이 들어간 약을 먹었지요. 양약은 잘 안 줬어요. 액기스 형태로 달달하고, 소화제와 기침약이 콜라 색깔이었어요. 사포닌은 도라지에서 추출한 걸 엿이나 꿀에 잰 거예요. 홍삼처럼 걸쭉했어요. 아이들이 기침할 때 약국에서 주는 약이었죠.

참여자 4 : 우리 아빠도 그걸 해줬어요.

참여자 3 : 무식한 것 같지만, 좋아요.

참여자 1 : 부작용이 없어요. 우리가 북에서 먹던 생당수 같은 게 있잖아요. 냉증에 정말 좋거든요. 생당수라는 약초 이름이에요. 여긴 그런 게 없어요. 쑥인데 가느다란 나무처럼 생긴 식물이에요. 싹이 나면 달여서 먹어요. 여자들 냉증에 아주 좋아요.

참여자 4 : 북한에서 흔했던 약초들이 여기 한약방에서 비싸요. 병원은 확실히 대한민국의 시스템이 좋아요. 환자 서비스가 최고죠. 북한은 의사가 짜증이 나면 환자들에게 막 대하거든요. 엄청 유명하니까 새벽에도 문을 두드려요. 또 왕진도 가요.

참여자 3 : 처음 왔을 때는 혼란스러웠어요. 북한은 청진기 해보고 폐렴이라고 하면 끝이에요. 여긴 진료 보는 날 피검사를 하러 가야 해서 답답해요. 거기도 피검사 며칠이 걸리지만 간단해요.

참여자 1 : 여긴 피를 많이 뽑아서 아까워요. 얼마 전에 5통 뽑았어요. 처음에는 미쳤냐고 했죠. 검사실에서 나와서 혼자 그랬어요. 피를 한 사발 뽑는다니! 그렇게 많이 뽑아본 적이 없어요. 거긴 해 봤자 페니실린 약병 정도 뽑아요. 그래서 여기 와서 "이 피 뽑아서 뭐 하니?"라고 했죠.

참여자 4 : 처음에는 아까운 피를 왜 저렇게 많이 뽑지? 애 낳을 때도 그랬어요. 무슨 피를 이렇게 많이 뽑는지, 이러다 사람 빈혈이 오는 거 아니에요? 북에서 제일 좋은 병원이 여기 1차 병원 수준이라고 보면 돼요. 규모만 크지, 2차 병원 정도는 되지 않을까?

참여자 3 : 처음에는 "피 팔아먹는 거 아니냐?"라고 그랬어요.

참여자 3 : (그렇군요. 거기도 김밥 있나요?) 김밥이 있는데 채소가 안 들어가요. 김에 밥만 양념해서 말아요. 밥에 간을 해요. 아무것도 안 넣고. 거기 김은 완전 자연산이에요. 나 백화점에서 엄청 고급 김 먹어봤는데, 북한에서 먹었던 것 같더라고요. 자연산은 달라요.

람 : 그렇군요. 여기 사시면서 아직 변하지 않는 신념이 있을까요? 식문화에
　　서요.

참여자 1 : 고전 음식 같은 것은 변하지 않는 것 같아요. 예를 들어, 예전부터
　　　　먹던 된장, 고추를 넣은 된장조림 같은 것. 찌개도 아니고 조림이에
　　　　요. 저는 삼겹살을 먹으려면 구운 것보다 수육이 더 좋아요. 여기는
　　　　된장에 넣지만, 거기는 그냥 물에 끓여요. 그리고 고기를 씻는 방식
　　　　이 닭국수처럼, 그게 고기국수예요. 국밥을 많이 좋아해요.

참여자 3 : 여기는 육고기를 먹을 때 다양한 걸 다 먹잖아요. 거기는 물에만 삶
　　　　아요. 생강 같은 것도 넣지 않고, 기껏 해 봤자 쌀뜨물 정도예요.

참여자 4 : 저는 이제는 못 먹을 것 같아요.

참여자 1 : 기본적으로 고향에서는 자연에서 키우니까 비린내가 적을 수도 있
　　　　어요.

참여자 4 : 파를 송송 썰어서 고춧가루와 함께 고기 썰어 먹으면 정말 맛있었
　　　　어요.

참여자 2 : 소금은 넣지만, 육수는 무나 다시다 같은 기본 육수가 없어요.

참여자 4 : 농막 국수는 반드시 고기 육수에 먹어야 한다는 말이 있고, 그렇지
　　　　않으면 속이 불편하더라고요.

참여자 1 : 전분 자체가 감자전분이에요. 밖에서 먹으면 식권 바꾸는 게 복잡하
　　　　니까 집에서 해 먹어요. 돼지를 사서 무조건 삶고, 고기를 조물조물
　　　　양념해요. 고춧가루 넣고 채소 넣고, 기본적으로. 국수는 분틀이 있
　　　　어요. 누구네서 빌려오기도 하고, 전문으로 눌러서 해주는 곳도 있
　　　　어요. 해 먹기 싫으면 사 오고, 본인이 식당 하니까 몇 그릇 더 가져
　　　　오기도 해요. 함흥 국수는 냉면이니까 (개념이 다름) 차가우면 냉면,
　　　　따뜻하면 온면이에요. 그 안에 들어가는 건 국수예요. 북한에서는
　　　　멸치국수 개념이 없어요. 북에서 김치말이 국수를 많이 먹어요.

참여자 4 : 저희는 다양하게 먹었어요. 국에서 국수를 말면 국수예요. 육수가

따로 없어도 국에 뭐 말아 먹을 수 있으면 국수예요. 저희는 그렇게 살았어요.

참여자 1 : 여름에는 차게 먹고 (얼음?) 얼음은 안 해요. 얼음은 진짜 부잣집들만 가질 수 있어요. 전기가 와야 얼음이 나오죠.

참여자 2 : 거기는 온도가 너무 차가워서 얼음이 없어요. 국수에 물만 말아도 얼음물이 돼요. 얼음에 대한 관점이 없어요. 경성 아이스크림 맛있어요. 10전을 가져가면 바가지채로 먹었어요.

참여자 4 : 경성의 우유아이스크림은 정말 맛있어요. 그곳은 진짜 소젖으로 만들거든요. 좋은 재료로 만들어서 향이 순하고, 여기와 비교하면 설렘이 느껴져요. 여기는 달콤한 맛이 강한데, 저기는 아기 향처럼 부드럽고요.

참여자 1 : 순대 맛은 변하지 않아요. 그래도 북한 순대는 정말 맛있어요. 거기서는 당면을 넣지 않고 시래기를 넣어요. 만들기도 간편하죠. 병천 순대와 아바이순대가 비슷해요.

람 : 그렇군요. 어떤 분들은 자녀들에게 편의점 음식을 사주면서 죄책감을 느끼시기도 하더라고요.

참여자 4 : 나도 인스턴트 음식에 대한 노이로제가 있는 것 같아요. 아이들에게 편의점 음식을 잘 사주지 않아요. 지금 아프면서도 내가 만든 음식을 먹으려고 해요. 이걸 먹어야 아이가 건강할 거라는 생각이 들어서요. 물론 가끔 호기심에 라면도 사주긴 해요. 냉동 만두 같은거요. 쪄주기도 하고요. 내가 만든 건 담백해요. 아이는 바깥 음식에 익숙해지겠지만, 그걸 강제로 요구할 수는 없는 거잖아요.

참여자 4 : 치즈스틱을 좋아하는데, 냉동 제품이거든요. 매일 먹으면 죄책감을 느껴요. 햇반은 안 먹이죠. 오래된 시중 제품 중에 뭐가 있을까요?

참여자 1 : 저는 냉동식품이 맛이 없어요. 만두는 해 먹지 않아요. 신랑이 시끄럽다고 해서요. 시장에 가면 파는 게 오히려 나아요. 애가 돈가스를 먹고 싶다고 하네요. 나가서 먹자니 번거롭고, 신랑이 냉동식품을 사 왔어요. 튀겨봤는데 한 조각 먹다가 어쩔 수 없이 못 먹었어요.

참여자 4 : 저는 까다로운 것 같아요. 햄도 끓는 물에 팔팔 끓여서 그 물을 버리고 먹어야 직성이 풀려요. 그렇게 하면 마음이 편해져요.

참여자 4 : 처음 왔을 때 단맛이 익숙하지 않았어요. 간식도 아닌데, 몸도 점점 익숙해져요. 불고기도 달고, 떡볶이는 못 먹었어요.

람 : 양념은 주로 어떻게 해요?

참여자 4 : 지금은 가면 모르겠어요. 13년전 얘기죠.

참여자 1 : 주몽 그 연예인들이 평양면옥에서 냉면을 먹었는데, 걸레 빨아 놓은 맛이라고 하더라고요. 슴슴하다는 거죠. 밍밍하다, 아무 맛도 없다.

참여자 1 : 여기 사람들은 자극적이고 특이한 것에 익숙해요. 거기는 본연의 맛을 살려요. 여긴 치즈 같은 걸 먹다 보니까 매운 것에.

참여자 3 : 밍밍한데 오히려 중독성이 있다고 해요.

참여자 4 : 우리 남편은 그게 추억의 맛이라 너무 맛있다고 해요.

참여자 1 : 나 처음 와서 여기 냉면을 못 먹었어. 뭐랄까, 맛이 너무 달고, 너무 이상해. 면발도 안 질기고 푸석푸석해요. 거긴 면발이 더 질기고 두껍고. 자체 혼합이 다른 것 같아요. 이제 조금 먹을랑 하나 마나.

참여자 4 : 난 처음부터 맛있던데. 난 먹는데 되게 빨리 적응해요. 삼겹살이 그렇게 맛있어요. 상추에 싸 먹는데, 우리는 싸 먹는 개념이 없어요. 고기를 그냥 집어 먹어요. 마늘장이나 새우젓에 찍어 먹는데 그렇게 맛있는 거예요.

참여자 1 : 거기 상추가 있는데 안 싸 먹어요. 상추는 밥을 싸 먹는 거예요. 거기는 수육 자체가 붉은 고기를 찢어서 국물에 먹는 게 습관이에요. 아빠들이 안 먹고 애들도 안 먹으면 엄마들이 처리하는 거죠.

참여자 4 : 고기 비계는 기름 짜서 과자처럼도 먹었어요.

참여자 2 : 비계를 가마솥에 졸이면 바삭바삭해져요. 그 기름에 배추랑 볶아 가지고 된장 넣어 국 끓여 먹고요. (우린 살찐다고 안 먹거든요). 그건 아니지. 우린 돼지기름 짠 거 옥수수 국수에 기름 튀겨서 간식으로 먹어요.

참여자 1 : 돼지기름 짠 찌꺼기는 우리 엄마가 다 버렸어요.

참여자 3 : 그때는 콩기름이 귀하니까 대용으로 썼던 것 같아요.

참여자 4 : 지금은 모두 비계를 잘 안 먹죠. 저탄고지 하잖아요.

참여자 1 : 난 한우를 이해할 수가 없어요. 왜 그렇게 기름이 많은 게 1등급인지 모르겠어요. 그거 먹으면 고소하긴 한데, 건강에는 안 좋잖아요. 차라리 기름기 없는 우둔살 같은 게 더 좋은 것 같아요.

참여자 1 : 솥도 알루미늄이 많았어요. 다이소 가면 있어요.

람 : 식문화에서 북한 문화와 남한 문화가 만나 새로운 문화가 창조된 예시가 있을까요? 좀 어렵죠?

참여자 4 : 저는 북한에서 떡매로 떡도 쳐보고, 15살 때부터 떡을 대량으로 쳤어요. 여기서 애를 키우면서 산후 우울증도 겪었고, 남편이 사업 확장을 하면서 지하에서 공방을 하게 되었어요. 거기서 근육을 사용해 보니까, 내가 고생한 만큼 결과가 나오더라고요. 바람떡도 만들어요. 여긴 만들 엄두를 못 내요. 자료를 다 뒤져보면 정보가 있잖아요.

참여자 4 : 여기 언어도 예쁘잖아요. 처음에는 자존감이 떨어지기도 해요. 하지만 부딪혀보면 별거 아니에요. 우리는 두 문화를 모두 체험했으니까 더 깊이 있는 경험이 있어요. 두 문화를 체험했기 때문에 더 많은 새로운 것을 할 수 있을 거로 생각해요.

참여자 1 : 순대에 깻잎을 넣어 보세요. 매운 걸 좋아하는 분들은 한번 넣어 보면 어떨까요? 본래 하던 걸 응용한 사례예요.

참여자 3 : 북한에서는 두부밥을 먹어요. 여긴 유부초밥이 있죠. 두부를 일일이 튀겨야 하는데 번거롭고, 저는 유부를 사서 찢어서 밥에 간장을 넣고 먹어봤어요. 두부밥도 아니고 유부초밥도 아니에요. 고춧가루, 마늘, 소금, 양파 같은 걸 북한에서 하던 방식으로 넣어봤어요.

# 제2부

# 2030 북한출신
# 청년 여성들의 의생활

○

* 인터뷰어 : 전주람
* 인터뷰이 : 북한출신 여성, 20-30대 청년
  윤○○(21세, 2018년 입남)
  이○○(30세, 2015년 입남)
  김○○(22세, 2019년 입남)
  최○○(22세, 2014년 입남)
  진○○(23세, 2014년 입남)
* 인터뷰일시 : 총 1회기, 대면(2시간)
* 2021년 8월 16일 월요일, 오전 10:00~12:00
* 주제 : 의생활

전 : 한국에 오고 나서 입게 된 옷이 있죠? 예를 들어, 여러분이 이야기해 준 것 중에 검은색 일자바지나 촌스러운 청바지가 있어요. 여기에서는 입지도 않잖아요. 북한에서는 입었지만, 한국에서는 안 입게 되는 옷은 무엇인지 자유롭게 이야기해 주세요.

윤 : 저는 레이스가 달린 옷을 안 입어요.

전 : 북한에서 레이스가 달린 옷을 입었어?

윤 : 네. 여기에 와서는 안 입는 것 같아요. 거기에서는 예쁜 옷이었는데, 여기에서는 안 예쁘다고 생각해서 안 입어요.

전 : 여기에서는 이유는 잘 모르겠지만 안 입게 되나?

윤 : 네, 잘 안 입게 돼요.

전 : 여기에서도 레이스 옷을 많이 입잖아요. 특별히 안 입게 되는 이유가 있을까?

윤 : 글쎄요, 잘 안 입는 것 같아요.

전 : 왜 안 입게 되는 것 같아?

윤 : 그냥요.

전 : 어렵겠지만, 천천히 생각해볼까? 북한에서는 입었는데 남한에서는 안 입게 되는 옷은 무엇이 있을까?

최 : 저는 겨울에 털 신발을 많이 신었었거든요. 두꺼운 신발이었어요. 지금은 겨울에도 운동화를 신게 되고 털 신발은 잘 안 신게 되는 것 같아요.

전 : 그곳은 우리나라보다 평균 기온이 낮으니까 털 신발이 많은가 봐. 털 신발은 어떻게 생겼어?

최 : 여러 가지 형태가 있는데, 주로 부츠 형태로 되어 있어요. 안에 털이 정말 많아서 따뜻해요. 저는 여기에서도 부츠 같은 걸 신는데, 날씨 탓도 있지만 천으로 된 예쁜 걸 신어요. 거기에서는 털이 엄청 두껍고 빨간색 부츠를 많이 신었거든요. 색깔이 화려한 신발, 빨간색 패딩을 많이 입었었어요. 여기서는 색깔이 화려한 옷을 잘 입지 않는 것 같아요.

전 : 그곳은 보온이 열악하니까 따뜻하게 입을 수 있는 옷이 보호 기능으로 많이 필요했겠네요. 디자인도 중요하지만, 기능적인 측면이 컸던 것 같아요. 이○○씨는 어때요?

이 : 북한에서는 진한 색깔, 예를 들어 빨간색이나 보라색 같은 색깔을 어릴 때부터 많이 입었어요. 한국에 오고 나서는 약간 촌스러워 보인다는 느낌이 들어서 거의 화이트나 블랙으로 입게 되었어요. 북한에서 입던 옷은 한국에서는 어르신들이 입는 것 같아서요. 옷을 입을 때 북한에서 입었을 때보다 많이 고민하면서 사는 것 같아요.

전 : 왜 그럴까요?

이 : 한국과 북한 사이의 문화 차이인 것 같아요.

전 : 북한에서 빨간색이나 보라색을 입었는데, 여기 와서 촌스러운 색깔 같다고 생각했다는 거죠?

이 : 네. 제 나이에 맞지 않게 촌스러워 보였어요. 여기 와서 가장 애착이 가는 색깔은 핑크와 연한 핑크예요.

전 : 색깔 면에서는 완전히 얌전해졌다고 해야 할까요?

이 : 네. 어디에 가도 튀지 않는 화이트나 핑크를 입고, 바지는 청바지나 블랙 두 가지로 입는 것 같아요.

전 : 그런 것이 세련되었다고 느끼나요?

이 : 네. 한국에서는 튀는 색깔을 안 입고, 북한이나 한국에서 오버핏은 잘 입지 않게 돼요.

전 : 그렇군. 자기 신체에 딱 맞게 입는 편인가?

이 : 네. 북한이나 남한이나 변하지 않는 것은 정 사이즈예요.

전 : 북한에서는 오버핏이라는 말이 있나요?

이 : 그런 말은 없고, 그곳에서 크게 입고 나가면 장난으로 "엄마 옷을 입고 나왔냐?"라고 말하곤 해요. 그걸 멋이라고 생각하지는 않았어요. 한국에 와서는 20대들이 오버핏을 자주 입는 것 같아요.

전 : 멋으로 오버핏을 입는데 그곳에서는 왜 저래? 하면서 비난한다는 거군요.

이 : 네. 딱 붙는 옷은 입어 봤지만, 오버핏은 입어본 적이 없고, 한국에 와서도 왠지 안 입게 되더라고요.

전 : 뭔가 내 몸에 안 맞아서? 아니면 북한에서의 인식 때문인가요?

이 : 개인적으로 그렇게 입으면 뚱뚱해 보이는 것 같아요. 마른 사람은 그렇게 입어도 상관이 없지만, 저 같은 경우는 더 도드라져 보이고 과해 보여서 안 입게 돼요.

전 : 남동생이 겨울에 걸치라고 사 준 오버핏이 있는데, 나는 오버핏에 관심이 없어서 그걸 안 입게 돼서 차 안에서 담요로 덮고 있더라고요. 익숙하지 않으면 안 입게 되죠. 진○○은 어때? 북한에서는 입었는데 남한에 와서 잘 안 입게 되는 옷은 무엇인지…

진 : 밝은색은 안 입어요.

전 : 여기 와서?

진 : 네.

전 : 예전 인터뷰할 때 캐릭터랑 밝은색 옷을 많이 입었다고 했잖아. 그때는 어렸던 걸까? 여기 와서 밝은색을 안 입게 되는 이유가 있을까?

진 : 밝은색이 저랑 안 맞는 것 같아요. 뭐랄까, 너무 튀어서 안 입고 검은색 옷은 무슨 옷이든 잘 어울리기 때문에 입어요.

전 : 그런데 고향에 있을 때는 색깔 있는 옷을 많이 입었다고 했었는데… 어떤 이유로 바뀐걸까?

진 : 그때는 좀 어렸고, 그런 것들이 더 예뻐 보였거든요.

전 : 그때는 나이가 어렸고, 그렇게 고를 만한 환경이 아니었어. 나이가 들고 나니 어두운색이 더 편하더라고?

진 : 네.

전 : 김○○이는 어때?

김 : 특별히 북한에서는 입었는데 여기서는 안 입는 옷은 없어요. 여기 계절이 북한보다 덥잖아요.

전 : 차이가 많이 날까?

김 : 여름보다 겨울이 더 덥다고 느껴요.

전 : 그러니까 많이 안 춥다는 이야기네?

김 : 네, 안 추워요. 그래서 앞에서 말한 것처럼 특별히 다른 것보다는 부츠 같은 겨울 신발이 다르죠. 북한에서는 가을 신발을 신었지만, 여기서는 겨울에도 신어요.

전 : 여기는 북한처럼 발이 동상에 걸릴 만큼 춥지는 않잖아.

김 : 네, 여기는 별로 안 추워요.

전 : 안 춥다고 느끼네. 그래서 두꺼운 털 달린 옷은 안 입게 되는 거야?

김 : 아~ 네.

전 : 여기에 와서 속옷 스타일도 많이 바뀌었어? 어때?

김 : 아니요, 별로 안 바뀌었어요.

전 : 거기에서는 미색이나 아이보리 같은 연한 색이 많다고 했는데, 여기는 아주 화려하잖아.

김 : 저는 특별히 변한 것 같지는 않아요. 원래 다양한 색깔을 많이 입어서…

전 : 그렇구나. 김○○이는 속옷도 다양한 색깔을 많이 입었었네.

김 : 많이 입었어요.

전 : 내가 고향에 있었을 때와 여기 있었을 때 바뀐 점이 있을까?

김 : 바뀐 점이요? (남한은) 진짜 타이트하고, 큰 것은 엄청 박시해요. 모 아니면 도 같아요.

전 : 남한이?

김 : 네.

전 : 딱 붙는 것이나 아주 큰 것이나 이런 식으로?

김 : 네.

전 : 그렇군.

김 : 네. 엄청 타이트한 옷은 북한에 있을 때 많이 입었는데, 박시한 옷은 한국에 와서 많이 입었던 것 같아요.

전 : 많이 입지를 못해?

김 : 입기는 하는데, 즐기는 편은 아니에요.

전 : 정확히 어떤 큰 옷을 입었던 거야?

김 : 북한에서는 오버핏을 안 입었는데, 한국에서는 입었다는 거예요.

전 : 아~ 북한에서는 오버핏을 안 입었고, 여기에서는 입었다는 거네. 어떻게 보면 여기서 말하는 오버핏 큰 옷은 세련되지 못하고, 소○ 씨가 말한 것처럼 "엄마 옷 입고 왔냐?"라는 느낌일 수도 있겠네? 놀림감이 될 수도 있는 그런 옷으로 이해하면 될까요? 윤○아, 어떻게 이해해야 해요? 여기에서 말하는 오버핏을 설명한다면…

윤 : 아까 소○ 언니가 이야기한 것처럼, 오버핏 입으면 "엄마 옷 입고 온 것처럼" 그런 느낌이죠?

전 : 그러면 놀리는 것까지는 아니어도, 별로 좋게 보는 건 아니겠네. 그러면 놀림감이 되는 옷이 있어? 고향에서? "쟤 저렇게 입었다"라고 놀려본 적이 있거나, 놀림을 당한 그런 옷 스타일이 있어?

최 : 딱히 한국처럼 입을 수 있는 것이 많지 않아서 그런 일은 없었던 것 같아요. 오히려 한국에서는 다양한 스타일로 입을 수 있으니까, 그런 이야기를 들어본 것 같아요. 북한에서는 입을 수 있는 폭이 좁고, 거의 모든 사람이 비슷한 스타일을 입으니까, 구멍 난 옷을 입는 것 외에는 특히 놀림이 되는 옷은 없었던 것 같아요. 애초에 선택의 폭이 작아서 그런 것 같아요.

전 : 그럴 수 있겠다. 종류가 많지 않고, 깨끗하게 입는 것을 중요하게 생각한다고 할 수 있겠네. 그러면 두 번째로, 내가 여기 남한에 내려와서 새롭게 자주 즐겨 입게 되는 옷은 어떤 것인지 연결되는 내용이기도 한데, 여기 오니까 이런 스타일의 옷이 좋다고 해서 자주 즐겨 입고 쇼핑할 때 눈길이 가는 옷 스타일이 어떤 것이 있어요?

이 : 북한에서는 원피스를 안 입었어요.

전 : 왜요?

이 : 학교 때 여자들이 바지를 입으면 규정에 어긋나서 치마를 입어야 했기 때문에 너무 싫었던 거예요. 그래서 사회에 나가서는 치마를 아예 안 입고 바지만 입고 다녔는데, 한국에 와서는 백화점이나 아웃렛에서 예쁜 원피스들이 눈에 많이 들어오는 것 같더라고요.

전 : 입어보고 싶고, 사게 되나요?

이 : 네. 한국은 확실히 옷들이 예뻐요.

전 : 확실히 디자인이 예쁘군요. 그런데 궁금한 것이, 아까 오버핏 같은 경우는 여기서 안 입어본 것이지만, 세련되게 입는 사람들을 보고도 안 입게 되잖 아요. 원피스는 새롭게 눈이 가는 옷이네요.

이 : 원피스는 색깔과 디자인이 진짜 다양하고, 입어봤을 때 어울리는 옷이 많 아서 가격대가 문제지 옷들은 정말 예뻤어요.

전 : 그러면 어떻게 보면, 내가 옷의 종류가 많고 선택할 수 있는 환경이 되니 까, 어떤 옷이 내 몸에 맞고 내가 예뻐 보일 수 있는지에 대한 생각을 하게 되는 면도 있겠네요?

이 : 네, 맞아요. 자기한테 맞는 옷을 골라 입게 되고, 제가 선택하기 나름이에 요. 남들이 오버핏을 입어야 한다고 해서 제가 꼭 입어야 하는 건 아니니까 요. 자기한테 어울리면 입고, 올해 추세가 나팔이든 A자든 치마가 이런 것 은 안 어울리면 남들이 입어도 저만의 스타일이 있는 편이라서, 제가 봤을 때 예뻐 보이면 입는 것이지, 추세를 꼭 따르지는 않게 되더라고요.

전 : 그렇군. 북한에서는 제재와 규제가 많아서, 교복 같은 경우는 정해진 대로 원단을 좋게 해서 입을 수는 있었지만, 여기서는 내가 원하는 스타일대로 입고 고를 수 있게 된 것이 맞나요?

이 : 북한에서는 내가 입겠다고 해서 입는 게 아니라, 그냥 흐름이 있어서 올해 가 뭐가 추세라고 소문이 나면 그걸 입으면 되는 거지, 더 이상 자기가 자 기에게 어울리는 것을 찾는 것은 없었으니까요. 네.

전 : 그곳에서 추세가 뭐고, 모란봉악단의 핫한 것이 뭐가 있다고 하면, 그것이 좋다고 생각했지, 그게 나에게 맞는지에 대한 생각은 안 했다는 거죠?

이 : 네. 올해의 추세라면 입었지, '나에게 어울린다, 안 어울린다'에 대한 고민 은 없었고…

전 : 지금 생각나는 것이, 백화점이나 마트에서 옷을 갈아입는 곳이 있잖아요. 뭐라고 하죠? 옷을 갈아입는 곳!

이 : 무슨 의미인가요?

전 : 옷 입어보는 곳 있잖아요. 피팅룸. 그런 곳은 북한에서는 보지를 못했죠?

이 : 아예 구경을 못 했죠.

전 : 어떻게 보면 옷이 나를 표현한다는 기능이, 나의 심리적인 부분에서 변화를 가져왔었을 수도 있겠네요. 직접적으로 간접적으로… 어떻게 생각해요? 내가 입어보고 몸에 대어보고… 이런 부분이 내가 고향에 있었을 때 나의 모습과 많이 달라진 것 같아요? 어때요?

최 : 저는 달라졌다는 느낌은 모르겠고, 그때는 제가 어렸고 지금은 나이가 들어서 그런 것도 있는 것 같아요. 거기에서는 솔직히 옷에 대한 큰 애착이 없어서, 옷을 살 때 큰 생각을 가지지 않고 쇼핑했던 것 같아요.

전 : 그것이 단순히 잘 사는 집도 있지만, 대체로 먹고 살기가 어렵고 바쁘기 때문에 그런 것에 관심을 가지지 못했을까? 어때? 아니면 사회적 체제가 그런 것일까?

최 : 제 생각에는 먹고 살고 그런 것을 떠나서 애초에 다양한 옷이 없고 통제가 많으니까, 옷을 다리고 줄을 세워서 입어야 하고, 치마는 다리가 어디까지 와야 하는 규제가 많다 보니, 부유한 집도 똑같이 입을 수 있는 한정적인 부분이라 옷에 대해 큰 관심을 가지지 않는다고 생각해요.

전 : 옷의 개념 자체가 어떻게 보면 다르네?!

최 : 네. 여기서는 옷이 자신을 표현한다고 하잖아요. 거기서는 옷이 자신을 표현하기보다는 생존의 수단인 것 같아요. 겨울에는 추우니까 가리는 정도로요.

전 : 옷의 기능이 다른 것 같아. 궁금한 것이 있는데, 여기서는 애들이 립스틱 몰래 바르고 화장도 해보잖아. 거기도 그런 게 있지 않아?

최 : 했어요. (웃음)

전 : 몰래 엄마 화장품을 찍어 발라보기도 하잖아. 그런 인간의 욕구는 다 똑같지 않을까 싶어…

최 : 네, 그런 것 같아요. 다만 거기는 그런 것들이 없어서 못 할 뿐이지, 욕구는 다 똑같다고 생각해요.

전 : 그랬구나. 여기 내려왔을 때, 초기 1년 내외로 봤을 때 내가 적응하기 어려웠던 남한의 옷 스타일이 있었어?

진 : 그런 것은 딱히 없었어요. 그냥…

전 : 자유로운 편이었나 보다.

진 : 네, 전 자유로운 편이에요.

전 : 그렇구나. 이것저것도 입어보고… 이○○씨는 조금 보수적인 가정에서 자랐다고 했잖아요?!

이 : 저는 아직도 살짝 찢어진 청바지는 입는데, 허벅지나 무릎이 나오는 청바지는 아직도 적응이 안 돼요.

전 : 그런 옷을 입고 다니는 사람을 보면 어때요?

이 : 이제는 입고 다니면 자기만의 개인 취향이니까 그런가 보다 하는데, 처음에는 저렇게 찢어진 청바지를 어떻게 입고 다니지? 했어요. 저는 살짝 찢어진 것은 입는데, 많이 찢어진 것은 못 입어요.

전 : 좀 보수적인 성향일까요?

이 : 보수적인 것을 떠나서, 나 자신한테 입으라고 하고 싶지는 않아요.

전 : 내가 자라온 환경이 있으니까. 나한테 익숙하고 편한 것이 있지?

이 : 네. 저도 조금 찢어진 청바지는 멋이라고 생각하는데, 무릎이 반이 찢어진 것을 보면 반바지를 입고 다니지 왜 입고 다니나 하는 생각이 들어요.

전 : 윤○이는 어때? 적응 안 되거나 저것은 아니다 싶은 게 있어?

윤 : 저도 그런 것은 없는데, 그냥 처음에 왔을 때 나한테 예쁜 옷이 무엇인지 몰랐고, 아무 옷이나 막 입었던 것 같아요. 여기 문화를 잘 모르니까… 고향에서는 옷이 한정되어 있잖아요. 그냥 예쁜 옷을 입었는데, 그것이 나의 몸매나 비율에 맞는지도 모르고 옷만 예쁘니까 입었어요. 여기 와서는 내

몸에 맞는 옷을 찾는 것이 너무 좋은 것 같아요.

전 : 그게 차이점이네. 거기에서는 내가 옷을 고를 때 나한테 잘 맞나 하고 거울 보고 하지 않았어?

윤 : 일단 사이즈가 맞나 봤지. 내가 허리가 길어서 그걸 커버해야지, 다리가 기 니까 다리를 드러내야지 하고 생각했던 것은 없었던 것 같아요. 옷이 한정 되어 있으니까. 옷이 있다면 컬러나 나한테 맞는 사이즈 정도만 고를 수 있 었어요. 그런데 여기 와서는 옷을 고르게 되더라고요.

전 : 거기에서는 옷을 고를 때도 단순한 편인가요? 여기랑 똑같아? S, M, L, XL 야?

윤 : S, M이 아니라 그냥 100 사이즈? 바로 85 같은 것이 없었어요. 거기에서 는 내가 원하는 컬러 정도만 고를 수 있었어요.

전 : 그런데 여기서는 나의 체형에 맞게 옷을 고르잖아. 왜 그렇게 바뀐 것 같 아?

윤 : 예쁘지 않더라고요. 같은 옷을 입었는데 예쁘지 않은 느낌이었어요.

전 : 그런데 거기에서는 그런 인식을 하지 못했을까요?

윤 : 옷이 한정되어 있으니까 내가 예뻐보이는 옷을 찾지 못하잖아요. 옷만 예 쁘다고 입었지, 나의 몸을 드러내기 위해서 예쁘게 입은 것이 아니라 옷이 예뻐서 입었던 것 같아요.

전 : 여기는 옷이 훨씬 섬세하고 다양하니까, 나의 콤플렉스를 어떻게 감출 수 있을지 더 복잡하게 생각할 수 있게 되는 거네요. 김○○이는 어때요? 여 기 와서 적응하기가 어려웠다고 해야 하나? 받아들이지 못한 것이 있었나 요?

김 : 특별히 없었던 것 같아요.

전 : 김○○이는 거기에서도 붙는 옷을 즐겨 입었다고 했잖아요. 고향에 있을 때랑 여기 와서 바뀐 것이 있나요? 옷을 구매하거나 관리하거나 입는 것에 서?

김 : 체형을 많이 커버해 주는 옷을 찾았던 것 같아요.

전 : 그건 왜 그랬던 것 같아요?

김 : 저는 한국에 와서 바뀐 것이 아니고, 북한에 있을 때도 살이 쪄서 그런 옷을 많이 찾았던 것 같아요.

전 : 거기에서도 살이 좀 쪘었고, 여기에서 그랬다면 나의 체형을 커버할 만한 옷을 찾을 만도 한데, 거기에서는 왜 그러지 않았을까요?

김 : 제가 말하는 것은 북에 있을 때보다 한국에 와서 살이 많이 쪘기 때문에 커버하는 옷을 찾았다는 거예요.

전 : 그렇군. 거기에서는 여기에서 보다 날씬했는데, 여기 와서 살이 쪄서 찾는다는 거네요.

김 : 네.

전 : 여기 와서 살이 많이 찐다고 하더라고요.

김 : 네.

전 : 이○○이는 열심히 운동하고 있잖아요. 그렇죠? 환경이 바뀌니까 달라지는 면이 자연스럽게 생기는 것 같고, 드라이클리닝이 거기에는 없잖아요. 방망이로 옷을 빨고 관리하는 것이 환경에 따라서 자연스럽게 바뀌는 것 같아요. 돈은 각자 다르겠죠. 내 형편에서 얼마를 쓸 수 있는지가 궁금한데, 만약 나에게 100 정도의 돈이 있다면 옷을 구매하는 데 어느 정도 쓰는지 궁금해요. 100 정도의 돈이 있으면 먹을 것도 사 먹고 보험도 들고 핸드폰 요금도 내고… 그중에 옷에 대해서 투자하는 것이 100 중에 얼마나 될 것 같아요?

이 : 저 같은 경우는 예전에는 100이 있었다면, 내가 마음에 드는 것이 있으면 50까지 쓸 수 있었는데, 요즘에는 조금 생각이 바뀌어서 한 20 정도? 20 정도 투자할 것 같아요.

전 : 왜 30%가 줄었을까?

이 : 한국에 처음 왔을 때는 북한처럼 생각하고 북한 만 원이나 여기 만 원이 똑같다고 생각했어요. 지나가다가 마음에 들면 만 원씩 훅훅 사고 그랬는데, 지금은 그런 생각을 다 버리게 되니까 작년과 올해가 많이 달라졌어요. 작년에 샀던 옷들을 올해 다시 보니까 세일한다고 샀는데, 올해 다시 입으려고 하니까 제 눈에 들어오지 않고 다시 팔려도 그 가격의 반의 반도 못 받는 상황이니까 이제는 옷 사는 것에 신중해지게 됐어요. 진짜 필요로 하는 것만 사고, 웬만하면 옷에 투자하고 싶지는 않아요.

전 : 처음의 50%는 굉장히 많은 비율로 느껴지거든. 내 주관적 생각이지만.

이 : 처음에는 그렇게 많다고 생각하지 않았어요. 하지만 지금은 코로나로 인해 경제적으로 많이 어려워졌고, 취업도 힘들고 아르바이트를 찾는 것도 어려워요. 아르바이트 자리가 없고… 이제는 힘들어 보니까 돈을 100 중에 50을 쓰는 것이 정말 아닌 것 같아요. 사야 한다는 개념이 없고, 정말 필요할 때만 사는 것 같아요.

전 : 환경도 그렇고 구직활동도 하니까 더 그런 면이 있겠네. 윤○이는 어때? 100 중에 몇 % 정도 투자하는 것 같아?

윤 : 구매하는 거요? 예전에는 5만 원 정도였어요.

전 : 100% 중에 몇 %가 되는 것 같아?

윤 : 그런데 가끔 달라요. 5% 아니면 10% 정도요.

전 : 5%나 10%가 갖는 의미는 어떤 거야?

윤 : 만약 한 달에 10만 원을 번다면, 5천 원 아니면 1만 원 정도요. 그런데 가끔은 계절이 바뀔 때 조금 사는 편이에요. 그리고 여행을 가거나 하면 좀 다르고요. 그런 게 없으면 그냥 안 사는 것 같기도 하고…

전 : 무슨 사건이나 이벤트가 있으면 사기도 하고… 주로 인터넷으로 사? 아니면 가서 사? 어떤 방법을 선호해?

윤 : 친구들이랑 만나면 밖에서 사고, 집에서 혼자 스트레스를 풀고 싶으면 인터넷으로 사요. 돈으로 스트레스를 풀 일이 있으면 옷 같은 걸 사는 것 같

아요.

전 : 그렇구나. 최○○이는? 100% 중에 몇 % 의복에 투자하는 것 같아?

최 : 저는 옷을 많이 사 입어서, 고정 지출을 제외하고 월세나 교통비를 빼면, 제가 쓰는 것만 생각했을 때 40~60% 정도는 옷에 쓰는 것 같아요.

전 : 옷을 좋아해서 많이 산다? 옷을 많이 사는 이유가 있어?

최 : 기본적으로 옷을 좋아해요. 옷을 좋아하고 밖에 나가는 이유가 옷을 입기 위해서거든요. 새 옷을 입고 나가면 뿌듯함이 느껴져요.

전 : 그건 내 만족이야? 아니면 주변 사람들이 피드백을 주고 "아, 예쁘다"라고 하잖아.

최 : 네. 제 만족도 있지만 주변 환경도 중요하죠. 친구들이 옷을 좋아해서 다들 많이 사거든요. 그래서 만나면 "새 옷 샀어?" 하고 "이거 예쁘다"라고 하죠.

전 : 누구를 만나느냐에 따라 환경이 달라지겠네? 친구들을 만날 때는 무엇을 입을까 고민하게 되겠네.

최 : 네. 약속이 생기면 "뭘 입고 나가지?" 이런 생각이 먼저 들어요.

전 : 약속이 생기면 "이런 것 입고 나가야지" 이런 생각을 하잖아. 내가 옷을 입는 것이 주관적인 만족도이지만, 사람들과의 관계에서도 어떤 존재로 비치는지 그런 것들이 작용하는 것 같네. 진○○이는 어때?

진 : 저는 한 30% 정도요.

전 : 어떤 의미일까?

진 : 저는 옷을 사도 다들 모르더라고요. 다 검은색이라서 옷 샀는지 모르는 사람들도 있고… 새로 사서 입었는데, 다들 "입던 옷 입고 왔구나" 생각하는 사람도 있고… 한 번 밝은색을 사봤는데, 애들이 "오랜만에 옷 샀나?"라고 해서 그게 좀 서러웠어요.

전 : 튀는 옷을 별로 입지 않네. 밝은색은 많이 안 입고 검은색 같은 것을 선호

하다 보니까 몰라볼 수 있지. 앞으로도 그런 스타일의 옷을 입을 거야? 아니면 바꿔보고 싶은 생각이 있어?

진 : 자주는 아니고 가끔 바꿔서 입고 싶어요. 내가 좋아하는 색은 검은색인데, 다른 사람들의 시선 때문에 가끔 바꾸는 것이 좋을 것 같아요.

전 : 검은색을 입으면 마음이 편안해? 어때?

진 : 네. 내 옷 같고, 색깔 있는 옷을 입으면 부자연스럽기도 하고, 무언가 묻지 않을까, 하는 고민이 생겨요.

전 : 검은색 옷이 심리적으로 편안함을 주는구나. 나에게도 편안한 색깔이 있어. 김○○이는 어때? 내가 100이라면 의복에 투자하는 비율이 어떻게 될까?

김 : 대략 40% 정도?

전 : 옷에 관심이 많잖아, 그치?

김 : 관심이 많다기보다는 한 번 쇼핑하면 많이 써요.

전 : 그런 이유가 특별히 있어? 한 번에 많이 사는 것이 부담되지 않아?

김 : 저는 성격상 한 번에 사면 그 뒤로는 잘 안 써요.

전 : 자잘하게 쓰는 스타일은 아니구나. 그렇게 살 때 카드 할부도 많이 써?

김 : 아니요.

전 : 현금을 많이 써? 카드 사용을 많이 안 한다고 들었는데…

김 : 저는 아직 체크카드를 써요.

전 : 아~ 체크카드를 쓰는구나. 그렇구나. 2년, 3년, 길게는 7년을 여기에서 살았잖아. 내 마음의 변화가 있는 것 같아? 예를 들어 소○ 씨가 이야기한 것처럼 결혼식이 있으면 좋은 투피스를 사게 되잖아. 그 옷을 입으면 기분이 좋고, 돈을 투자해서 입고 가니까. 옷이 어떻게 보면 마음과 깊이 연결되어 있지 않을까? 옷이 나에게 심리적인 변화를 주는지 궁금해. 왜냐하면 고향에서는 그런 것이 자유롭지 못했으니까. 규제가 많고 개성을 표현할 수 없

었거든. 물론 유○이처럼 교복 원단을 새롭게 해서 고쳐 입을 수 있는 작은 것들은 있지만, 전체적으로는 개성을 표현할 수 있는 기회가 적어서 심적 변화가 있었는지 궁금해.

최 : 옷이 가져다주는 심리적인 변화요? 저는 아까도 말했다시피 북한에 있을 때는 옷으로 나를 표현하기보다는 생존 수단으로 입었던 것 같아요. 지금은 이 옷을 입으면서 느껴지는 주위의 시선이나 내가 느끼는 만족감이 있거든요. 특히 키가 작다 보니 남들이 입는 것처럼 아무렇게나 입으면 제 단점이 극대화될 수 있어요. 그래서 바지는 통 큰 것으로 입고, 키를 길게 보이기 위해 하이넥스를 입고, 위의 티셔츠는 너무 크지 않게 타이트하게 입으려고 해요. 심리적으로 제 단점을 극복하는 방향으로 옷을 선택하는 것 같아요.

전 : 신경을 많이 쓰네.

최 : 네, 많이 신경 써요.

전 : 나의 장점을 부각하고 단점은 최소화하는 방향으로 옷을 선택하고 입는구나. 이○○이는 어때? 옷이 나의 마음에 가져다준 변화랄까?

이 : 아, 저 같은 경우는 쇼핑할 때는 기분이 좋은데, 구매하고 나면 가끔 1년에 한 번밖에 안 입는 옷이 있어요. 그러면 옷장에서 여름옷과 겨울옷으로 교체될 때 '올해는 한 번도 안 입었네'라는 생각이 들어요. 신중하게 골라서 잘 입으면 기분이 좋은데, 옷장이 가득한데 입지 않은 옷들이 많으면 우울한 기분이 들어요. 북한에서는 부모님이 사주는 옷들만 입었는데, 한국에서는 다 제 책임이잖아요. 제가 힘들게 돈을 벌어서 샀는데, 예쁘게 입지 못하면 기분이 좋지 않아요. 그래서 옷장에 걸려 있는 옷들이 많으면 '저것들을 어떻게 하지?'라는 생각이 들어요.

전 : 그렇구나.

이 : 필요하고 예쁜 옷이라면 괜찮겠지만, 순간적인 충동구매로 사놓은 옷들을 보면 좋기는 하지만 결국 책임은 본인에게 있으니까, 앞으로는 신중하게 구매해야겠다는 생각이 들었어요.

전 : 고향의 옷장에서는 그런 옷들이 많이 없었어?

이 : 고향에서는 부모님이 다 사주셨고, 어린 나이에 제가 시장에서 살 수 있는 상황이 아니었어요. 엄마와 함께 사던 옷들이었고, 여기서는 혼자서 판매원들이 예쁘다고 해서 산 옷들이 지금도 후회가 되네요.

전 : 어떻게 보면 여기에서는 관리가 중요하겠네.

이 : 맞아요. 옷이 예쁘다고 해서 충동적으로 사지 않으려고 해요.

전 : 언제 충동적으로 사는 것 같아? 우울할 때? 아니면?

이 : 저는 우울할 때나 계절이 바뀔 때요. 여름이 끝날 무렵 세일이 많이 들어오잖아요. 한국에 와서 세일이 60%, 70%일 때는 공짜인 줄 알고 막 샀던 것들이 지금은 후회가 많이 돼요.

전 : 세일한다고 하면 사고 싶고 쟁여놓고 싶은 마음이 생긴다.

이 : 네. 기쁘게 해준 것도 있지만, 반대로 저를 우울하게 만드는 옷들도 있어서요.

전 : 기분 좋게 사서 안 입고 처박혀 있으면 우울해지고… 그럼 관리 이야기가 나왔으니까 다른 사람들은 어떻게 해? 윤○이는? 옷을 어떻게 관리하고 세탁해?

윤 : 흰옷에 뭔가 묻으면, 아끼는 옷이라면 집에 와서 바로 닦고 세탁기에 넣어요. 그렇지 않은 옷은 그냥 세탁기에 돌리고, 다리고 나서 옷장에 넣고 주름이 많이 생기면 다 옷걸이에 걸어요.

전 : 고향에서는 엄마가 다 해줬어?

윤 : 엄마도 해준 부분이 있지만, 그때는 다 옷장에 넣었던 것 같아요. 강 빨래를 많이 했어요. 세탁기가 없었거든요.

전 : 몇 살 때부터 했어?

윤 : 13세살? 14살때부터 했던 것 같아요.

전 : 엄마를 도와준다는 의미로 한 거야? 아니면 각자 알아서 해야 하는 거야?

집집마다 다르겠지만…

윤 : 14살 때는 제가 많이 했고, 15살 때는 양말 같은 자잘한 것들은 제가 했던 것 같아요. 10살 때는 그냥 엄마 옆에서 장난치고 놀았고요.

전 : 여기서 세탁하는 횟수가 많아? 어때요?

윤 : 많은 것 같아요.

전 : 북한에서 군인이었던 아줌마가 그러더라고. 여기서는 양말을 매일 빨고, 자기는 매일 빨지 않았다고 하더라고. 어때?

윤 : 저는 양말은 매일 빨았던 것 같아요. 다른 옷들은 일주일 정도 더 입을 수 있고, 패딩은 계절이 바뀔 때마다 세탁했어요.

전 : 전체적으로 여기가 세탁 횟수가 많아요?

윤 : 네.

전 : 이○○ 씨는 어때? 세탁 횟수나 씻는 것도 여기가 더 자주 씻을 거고.

이 : 북한에서도 손세탁은 자주 하죠. 양말과 속옷은 매일 빨고, 패딩은 강에 나가서 손으로 빨았어요. 겨우 내내 입다가 봄이 돼서야 빨고, 강이 얼어서 힘들었거든요. 한국은 세탁기를 사용하니까 반팔 티나 수건 한 장을 세탁하기는 어렵고, 여러 장 되면 같이 세탁했어요. 북한에서는 손세탁을 많이 했고, 엄마가 설거지나 옷을 쌓아두는 걸 싫어해서 각자가 알아서 했어요. 매일 손빨래를 하느라 손이 많이 고생했어요.

전 : 손빨래가 일상이네.

이 : 네. 옷이 땀에 젖으면 바로 빨아야 하니까 한국이 진짜 편하죠. 세탁기에 며칠 모았다가 하루 입었던 것을 넣고 하니까 오히려 세탁을 덜 하는 것 같아요.

전 : 오히려. 그럴 수도 있겠다.

이 : 네. 한국에서는 세탁기를 매일 돌리는 게 아니라 며칠 모아두고 돌리니까요.

전 : 최○○은 옷 관리는 어떻게 했는지…

최 : 그때는 엄마가 옷을 다 세탁해 줬고, 나는 따로 관리한다는 생각을 못 했어요. 옷에 대한 애착도 없었고…

전 : 속옷은 어떻게 했어?

최 : 그때는 브라를 안 입었으니까요. 내가 여기 온 게 14살이었고, 엄마와 함께 살던 건 12살 때까지였거든요. 그때는 세탁기를 사용할 수 없었으니까, 밖에 나가서 빨래를 두드려야 했어요. 아이가 혼자서는 할 수 없어서 엄마랑 같이 가서 작은 걸 도왔던 기억이 있어요. 그리고 말리고, 옆에서 엄마와 함께 옷을 개기도 했지만, 대부분은 엄마가 해줬어요.

전 : 거기서는 빨래하려면 날씨 영향을 많이 받겠네.

최 : 네. 비가 오면 나가지 않죠.

전 : 오늘 빨래를 하려고 했어도 비가 오면 못 나가고, 이런 경우가 많겠네.

최 : 네.

전 : 그런 점이 다르네. 여기는 내가 계획한 대로 할 수 있잖아. 일요일에 빨래해야지 하면서. 그런데 거기는 외부에서 하니까 계획을 세워도 못 나가니까. 그리고 그렇게 예민하게 생각하지 않았네. 우리 시어머니는 까다롭고 예민하거든. 속옷 같은 것도 다 나누고… 흰색, 검은색 다 나누는 사람 한국에는 많아.

최 : 그렇게 나누는 건 빨래할 때 말씀하시는 거죠?

전 : 맞아, 빨래할 때.

최 : 제 생각에는 세탁기로 하니까 그렇게 나누는 게 맞는 것 같은데, 거기에서는 손빨래니까 하나하나 하다 보니 나누는 의미가 없어서 안 나누는 것 같아요.

전 : 지금 세탁기 사용할 때는 속옷과 겉옷을 같이 돌려?

최 : 저희 엄마도 속옷하고 겉옷은 따로 돌리지 않는데, 흰옷과 검은 옷은 나누

어서 돌리는 것 같더라고요. 저는 혼자서 돌리니까 그렇게 할 수 없어요. 옷을 입어야 하는데 한 번 세탁하면 시간이 늦어지니까 그렇게 안 되는 것 같아요.

전 : 한 번에 돌려?

최 : 네.

전 : 혼자 사니까 다른 것 같아. 김○○이는 옷을 어떻게 관리해?

김 : 그냥 빨아서 장에 걸어두지 않나요?

전 : 한 번에 모아서 빨아? 속옷과 겉옷을 나누어서 세탁하는 편이야?

김 : 속옷과 겉옷은 나누어서 세탁하고요. 많이 안 모이면 깨끗한 애들끼리 뭉쳐서 빨기도 해요. 제가 기숙사에 살거든요. 기숙사에 있을 때는 속옷은 손빨래해요.

전 : 속옷 정도만 기숙사에 있을 때 손빨래하고, 대체로 세탁기는 사용하고. 확실히 편하게 느껴지잖아.

김 : 네, 편해요.

전 : 편하면 게을러진다고 하던데… 그런 면도 있어?

김 : 그런 면도 있어요.

전 : 고향에서는 엄청 부지런하게 살았는데, 여기 와서는 게을러진 것 같아요…

김 : 여기 와서는 그런 걸 잊고 살죠.

전 : 그럼 다음 문제로, 내가 의복에서 가장 중요하게 생각하는 것은 무엇인지 이야기해 볼까요. 어떤 사람은 잘 늘어나는 것, 스판처럼 편안한 기능을 따지는 사람이 있고, 폼생폼사인 사람은 스타일을 중요시해요. 우리 집은 남자들이 스타일을 따지죠. 어떤 사람은 오래 입을 수 있는 것을 선호하기도 하고요. 친정엄마가 그랬던 것 같아요. 연세 드신 분들은 보통 그렇죠. 이○○씨는 어때요? 무엇이 가장 중요해요?

이 : 아무래도 울 소재는 같이 빨면 안 될 것 같고, 관리를 잘 해줘야 할 것 같아서, 저는 소재를 살 때 많이 보는 편이에요. 늘어남도 중요하고요.

전 : 왜 그렇게 많이 보는 것 같아요? 빨래하기 편하게요?

이 : 네, 편하게 면 같은 것은 세탁기에 넣으면 되는데, 울 소재는 세제를 아무거나 쓰면 안 되니까 제 옷 중에 울 소재는 거의 없어요. 겨울에 옷을 고를 때 신중하게 선택해요. 따뜻하지만 몸을 찌르는 옷도 있고, 그런 옷은 세탁기에 빨면 안 되고 드라이를 맡겨야 하니까요. 그래서 살 때는 소재를 슬쩍 보고, 폴리에스터를 많이 선택해요. 그건 세탁기를 돌려도 아무런 변화가 없으니까요. 저는 실용적이면서 자주 입을 수 있어야 한다고 생각해요. 한 번 입겠다고 그 옷을 사지 않아요.

전 : 나도 안 구겨지는 옷을 선호해요. 게으른 사람은 다림질 안 해도 되는 것을 좋아하거든요. 그런데 최○○이는 그렇지 않을 것 같은데, 스타일을 많이 따질 것 같은데 어때요?

최 : 저는 재질보다 스타일을 보고 사는 것 같아요.

전 : 사람마다 다르네요. 요즘 가장 선호하는 스타일은 뭐예요? 아르바이트비 나오면 사고 싶은 것?

최 : 요즘에는 신발에 꽂혀서 워커나 부츠 같은 것에 관심이 많아요. 운동화도 예쁜 것들이 많은데, 가격이 비싸서 70, 80만 원 하는 것은 사지 못하지만 얼마 전에 중고로 하나 샀어요.

전 : 중고를 살 정도로 그렇게 갖고 싶었군요. 왜 그렇게 갖고 싶었어요?

최 : 길 가는 사람의 신발을 봤는데 너무 예뻐서, 조던을 알아봤더니 30~40만 원 하더라고요. 찾아보니 5만 원짜리도 있어서…

전 : 나중에 얼마나 예쁜지 한 번 보여줘요. 운동화가 화려한가요? 윤○이도 알아요? 조던 운동화?

윤 : 제 친구도 신었는데, 굉장히 예쁘다고 하더라고요.

전 : (웃음)

최 : 중고로 5만 원짜리를 샀지만, 많이 신기보다는 그냥 두고 보는 맛이 있어서요. 예뻐서요.

전 : 입는 것만이 아니라 보는 재미도 있군요. 윤○이는 어때요?

윤 : 저도 스타일이 예쁜 것이 중요해요. 제 몸매의 단점을 커버하고 장점을 드러낼 수 있는 것을 원해요.

전 : 몸매의 단점을 커버하면서 장점을 부각하는 것. 요즘에 예쁜 것 중에 사고 싶은 것은 뭐예요?

윤 : 요즘에는 옷에는 관심이 없지만, 향수에 관심이 많아요. 유○ 언니처럼 신발을 신지는 않지만, 향수는 보관하고 싶어서요.

전 : 보는 용도로… 그러니까 사람마다 다르군요. 진○이는 의복에서 어떤 것을 중요하게 생각해요?

진 : 예쁜 것보다는 실용적인 것을 선호해요. 왜냐하면 한 번 입고 나서 버리기도 애매하잖아요. 그래서 잠옷이나 운동복으로도 입을 수 있는 편안한 옷을 찾는 것 같아요.

전 : 예쁘지는 않지만 여러 용도로 쓸 수 있는 옷이군요. 검정 티셔츠를 샀다가 낡으면 잠옷으로 입을 수 있겠네요.

진 : 네, 산책할 때도 입고 편리하게 입는 그런 옷을 선호해요.

전 : 저도 살이 찌고 나서는 끼이는 것이 싫더라고요.

진 : 맞아요.

전 : 끼이고 움직이기 불편한 것은 입지 않게 되더라고요. 김○이는 의복에서 가장 중요하게 생각하는 것은 뭐예요?

김 : 단점을 커버해 주는 옷이 제일 좋아요.

전 : 단점이 뭔지 조금 이야기해 줄 수 있어요?

김 : 하체가 엄청 통통해요. 상체는 하체에 비해 날씬하죠. 그래서 몸을 커버할 수 있는 예쁜 옷을 원해요.

전 : 하체가 통통할 때 커버할 수 있는 옷은 어떤 스타일인가요?

김 : 롱치마 같은 거요. 청바지는 박시한 것을 입어요.

전 : 발목은 얇은 편인가요?

김 : 아니요, 실해요.

전 : 롱치마도 길이에 따라 다르니까요.

김 : 정말 민감해요.

전 : 어쨌든 김○이가 자신의 장단점을 잘 알고 대처하네요. 아줌마들 40, 50
대분들에게 들었는데, 세대 차이가 있을 수 있지만 한복을 입는 경우가 많
다고 해요. 한 달 전에 북한에서 오신 부부와 식사할 일이 있었는데, 한복
을 입고 오셨어요. 저는 일반적으로 외식을 간다고 한복을 입어본 적은 없
거든요. 한복을 일상적으로 입으시는 분들이더라고요. 한복에 관해 이야
기해 줄 수 있어요? 여러분은 한복을 집에서 잘 안 입을 것 같은데, 윤○이
는 어때요? 세대 차이 때문인가요? 여기 와서 한복을 입은 적이 있어요?

윤 : 경복궁 갈 때 빼고…

전 : 그럴 때 말고는 입을 일이 없지?

최 : 저는 한복을 입어본 적이 없는 것 같아요.

전 : 고향에서는 많이 입었어?

최 : 아니요. 거기서 다들 입었다고 그랬어요?

전 : 50, 60대 된 아줌마들이 많이 입었다고 하더라. 그분들의 특징인가? 지역
마다 다른가? 그래서 한 달 전에 같이 식사하려고 했더니 한복을 입고 오
셔서. 식사했는데 김포 근처의 식당이거든. 식당 주인이 무슨 날이냐고 묻
더라고. 그분이 특이한 건가? 예외적인 사례인가? 일반적인 이야기가 아
니구나.

최 : 네.

전 : 이○ 씨는 한복에 대한 의미가 다른 것이 있어요? 남북한에서 차이가 있어

요?

이 : 한복 같은 경우는 2월 16일, 4월 15일에 한복 입었던 것 같고, 저희는 안 입었어요. 저는 안 입고, 예를 들어 행사에 참여하는 엄마가 입을 정도이지, 그것도 입고 싶어서 입은 것이 아니라서요. 여기서 한복 입을 일은 경복궁 가서 대여할 일 외에는 없다고 생각해요.

전 : 거기에서 무슨 날일 때 입고 싶어서가 아니라 의례적으로 입는 건데 아이들은 의무는 아니었나 보다.

이 : 애들이 한복 입어야 하는 경우는 없었어요.

전 : 김○이는 어때? 한복 좋아하는 편이야? 여기는 개량 한복도 있잖아. 스타일리시하게.

김 : 저는 어릴 때 한복을 많이 입었어요. 좋아서 입은 것이 아니라 어릴 때 무용했거든요. 그래서 많이 입고, 북한에서 무도회가 있어요. 그때는 의무적으로 입어야 해요.

전 : 무용을 할 때 입은 거야? 일상생활을 할 때?

김 : 일상생활에서는 안 입죠.

전 : 그렇지. 무용할 때 자주 입었다는 거지? 무용할 때 불편했을 것 같은데 어땠어?

김 : 불편해요.

전 : 무용할 때 움직임이 편하게 나오나? 어때? 요즘은 한복이 편하게 나오더라고.

김 : 엄청 불편한데 그냥 해요.

전 : 무용 잘하겠네?!

김 : 아니요. 잘 못해요.

전 : 그런 재능이 있었구나. 진○이는 어때?

진 : 저는 북한에서는 한복을 입지 않았어요.

전 : 한복에 관한 규정은 없었나 보다.

진 : 아예 없었고, 거의 입어봤다는 기억도 없는데…

전 : 나는 한복이 아줌마 이야기를 듣고 특별한 의미가 있는지 궁금했었지. 아줌마가 특별한 거네. 그러면 궁금한 것이 '미'의 기준? 아름다움이라고 할 때 의복과 관련해서 어떤 것이 아름답다고 생각하는지 묻고 싶어요. 최○이 어때?

최 : 옷에서요? 아름답다는 생각은 안 해봤는데…

전 : 아름답다는 말을 평상시에는 많이 쓰지 않은 단어일까? 아름다운 기준이라고 했을 때 아름다운 이미지가 무엇일까?

최 : 아름답다는 이미지는 원피스? 이런 것이 떠오르거든요. 전형적인 아름다움의 기준은 원피스가 떠오르는데… 아름답다는 단어가 주는 느낌은 뭔가 화려한 느낌이거든요. '예쁘다'와는 또 다른 느낌을 주는 것 같아서요. 전형적인 아름다움은 원피스나 치마, 아니면 블라우스 같은 것인데요.

전 : 뭔가 여성성이 강조되는 그런 옷들이네.

최 : 네. 저는 아름답다는 말을 놓고 보면 여성성이 강조되는 그런 것 같고, 제 기준에서 말하라고 하면 예쁜 옷은 힙한 느낌의 옷이 예쁘다고 느끼는데요. 아름답다는 것은 단아하고 여성스러운 옷이 아닐까 싶어요.

전 : 아름다운 것의 반대가 되는 이미지는 어떤 것이 떠올라?

최 : 아름다운 것과 반대되는 것요? 힙한 이미지?

전 : 그렇구나.

최 : 제가 예쁘다고 생각되는 것이 아름다운 것과 반대된다고 생각하거든요.

전 : 힙한 스타일. 젊은 층에서는 유행하는 스타일이라고 봤을 때 그런 것을 선호하게 된 동기가 있어?

최 : 선호하게 된 동기는 일단 제가 아까도 말했듯이 하체가 뚱뚱하니까 치마

는 싫어하거든요. 그래서 통 넓은 바지를 입게 되고 위를 붙는 티를 입다 보니 그런 스타일의 옷을 입게 되는 것 같아요.

전 : 단순히 스타일을 보고 선택했다기보다는 무엇을 입을까, 라고 생각하다 보니 힙한 스타일의 옷이 나의 단점을 커버할 수 있는 옷이라고 생각하는 거네. 그치?

최 : 네.

전 : 윤○이는? 뭔가 아름다움이라고 했을 때 어떤 이미지가 떠올라?

윤 : 저도 꽃무늬 원피스.

전 : 그것이 상징하는 의미가 무엇일까?

윤 : 무언가 샤랄라 하는 느낌? 뭔가 봄 느낌.

전 : 뭔가 샤방샤방 하고 그런 이미지. 그런 것이 아름답게 보이는 거네. 그렇지? 그런데 원피스네. 치마네. 바지가 아니라. 아름다운 것에 반대가 되는 것은 어떤 것이 떠올라?

윤 : 센 이미지? 카리스마 있는 것.

전 : 약간 시크한 느낌? 그런 것이 반대되는 이미지로 떠오르는 거야? 구체적으로 설명한다면 어떤 것이 카리스마 있는걸까?

윤 : 뭔가 아름다워 보이는 것은 여성스럽고 카리스마는 여성스럽기는 하지만, 자기주장이 강한 사람? 리더를 잘할 것처럼 보여요.

전 : 그렇게 생각하는구나. 김○이는 어때? 어떤 옷을 입을 사람이 아름다워 보여?

김 : 그냥 여성스러운 옷, 치마 아닐까요?

전 : 왜 치마라고 생각하는데?

김 : 잘 모르겠어요.

전 : 어쨌든 바지는 아니네. 또 궁금한 것이 화장하는 법 있잖아. 의복과 화장

이 별개이기는 한데 연결이 되어 있는 것 같아. 외모라는 면에서. 화장하는 방법이 바뀌었다고 50, 60대 아주머니에게 들었거든. 한 어머니가 말씀해 주신 건데 그곳에서 무용을 했대. 근데 자기 자신을 위해 화장품을 사서 해 본 적이 없었대. 여기 와서 화장품을 사서 해봤다고 하시더라고. 이○ 씨는 화장하는 방법이 바뀌었는지 궁금하거든.

이 : 저 같은 경우는 북에서는 아이섀도 했던 기억이 안 나는 것 같아요.

전 : 거기에서는 스킨, 로션정도로 단순한 편이라고 하던데 맞아?

이 : 여기는 파운데이션이라고 하면 거기에서는 피아스라고 했고, 북에 있을 때 저는 화장을 잘 안 했어요. 물론 학생 때는 화장할 수 없으니까 안 했고, 성인이 되어서도 화장하는 것을 별로 좋아하지 않아서 북에서는 선크림도 없었고 스킨로션이 다였고, 피아스 같은 경우는 거의 안 바르고 필요한 날 연하게 바르는 정도?

전 : 스킨 바르고 로션 바르고, 여기서 말하는 비비크림? 그다음에 파우더는 안 해?

김 : 파우더 같은 경우는 엄마들이 했던 것 같아요. 제 나이에는 20대에 파우더는 안 했어요.

전 : 피아스 바르고 끝? 그러면 눈썹은?

김 : 눈썹은 제가 눈썹이 있는 편이라 그린 적이 없고, 한국에 와서도 눈썹에 손을 안 대고 썬크림 따로 바르고 파운데이션 바르고 아이섀도, 마스카라 등이 많아서요. 화장품도 에멀전, 아이크림 너무 많아서 순서도 쳐봐야 할 정도로 에센스 다음에 뭐 해야 하고 아이크림 다음에 뭘 해야 해서 화장품 종류가 다양하고, 화장하는 메이크업도 여기는 만약 결혼식장이냐, 상견례인가에 따라서 드라마에서도 보면 그날의 컨디션에 따라 다르게 할 수도 있고, 진하게 할 수도 있고 약간 청순하게 하고 싶으면 자기만의 표현을 할 수도 있고.

전 : 그치? 그래서 여기 식으로 따라서 했어? 어때?

김 : 메이크업도 보니까 따라 할 수 있기는 한데 저 같은 경우는 그냥 제 방법대로 청순하게 연하게 하고 다녀요.

전 : 굳이 여기 식으로 복잡하게 하지 않고 내가 했던 방식대로… 스킨, 로션…

김 : 아침저녁으로 다르게 하죠. 아침저녁에는 에센스는 빠지지 않는데 세럼은 저녁에. 아이크림은 1년 써봐서는 효과가 안 나타나지만 10년 뒤에는 차이가 보인다고 해서 쓰고요. 아이크림, 에센스, 로션 정도는 기본으로 발라요. 밤에 잘 때는 크림을 바르고 오전에는 로션을 바르고 조금 차이가 있기는 한데…

전 : 관리를 많이 하는데… 화장을 진하게 하는 것이 아니라 안 한 듯 청순한 이미지로 하는 게 유행인 것 아니야?

김 : 그런데 보게 되면 지하철을 타보면 화장을 연하게 하지는 않았어요. 그래서 엄마한테 잔소리를 듣기는 해요. 연하게 한다고 네 나이 때는 화장을 진하게 하고 멋을 부리지 40, 50대가 되면 하겠냐고 해요. 근데 저는 화장을 진하게 하고 튀는 것을 별로 좋아하는 편이 아니어서.

전 : 엄마가 관심이 많으신가 보다. 지난 번 내게 얘기해줬잖아. 어머니가 살찌는 거 싫다고 하셨다고. 그럼 남자들이 화장하는 것을 어떻게 생각해? 한국에서는 남자들이 많이 하잖아.

김 : 저는 관리해야 한다고 생각해요. 비비크림 정도는 남자도 바를 수 있고, 바르는 것이 피부에 과할 정도만 아니면 그것이 오히려 괜찮을 것 같아요.

전 : 요즘 남자들도 관리를 많이 하지. 진○이는 어때? 화장하는 것이 바뀐 것이 있어?

진 : 북에서는 어려서 화장을 아예 안 했고요. 화장을 해볼 생각을 아예 못 해봤고요. 한국에서는 화장을 하기는 하는데 거의 안 해요. 화장을 하면 눈물이 계속 나거든요. 화장품 바꾸어서도 해봤는데 저는 계속 똑같은 반응이거든요. 눈물이 어느 정도 적당히 나오면 괜찮은데 종일 나와요. 눈이 아프고… 눈을 하지 않고 스킨로션만 발라도 그렇거든요. 그래서 화장을 아예 안 하는 편이에요.

전 : 눈물이 나면 할 수가 없지. 그럼에도 남들이 하는 화장을 내가 해야 한다고 생각해? 어때?

진 : 저도 하고 싶어요. 그런데 그것을 못 하니까 너무 서럽고 조금 그런 면이 있고요. 남자들이 하는 것은 별로 신경 쓰지 않고요. 제 주변에는 화장하고 다니는 남자들이 많거든요. 쉐도를 바르고… 그런 애들을 보면 걔들만의 개성이라고 생각해요.

전 : 맞아. 요즘에는 남자들도 많이 한다. 김○이는 어때? 화장 많이 하는 편이야?

김 : 북에 있을 때요?

전 : 둘다. 고향에 있을 때랑 남한에 있을 때랑.

김 : 네. 북에 있을 때는 진짜 많이 했어요.

전 : 그때 김○이가 몇 살 때였지?

김 : 한국에 온 것이 20살이었어요.

전 : 거기에서 고등학생이면 단속 대상이 아니야? 그런데 붙는 옷도 입고 하는 것은 다하고 다녔네. 어떻게 보면 옷에 관심이 많았다. 걸린 적은 없어?

김 : 많죠.

전 : 걸리면 어떻게 돼? 애들이 화장을 하면?

김 : 욕먹어요.

전 : 욕을 대놓고 하는 거야?

김 : 네. 대놓고 해요. 처음에는 조용히 말하다가 안 되면 애들 앞에서 망신 주고 그래요.

전 : 어떻게? 학교에서? 일어나라고 해서?

김 : 네. 선생님들이 학교에서…

전 : 망신을 주어도 너는 관심이 있어서 계속했구나.

김 : 저는 별로 망신스럽지 않아서 했어요.

전 : 어떻게 보면 너의 주관이 뚜렷하네. 주관이 뚜렷해. 여기 와서 마음대로 할 수 있으니까 어때?

김 : 그런데 그렇지 않은 것이 오히려 여기 와서는 관심이 뚝 떨어졌어요.

전 : 왜 그럴까? 여기에서는 하고 싶은 대로 다 할 수 있는데… 오히려 못하게 하면 인간이 더 하고 싶은 마음이 생겼던걸까?

김 : 그런데 그것이 북에 있을 때는 다른 애들은 안 하고 나만 하니까 그것에 대해 집착하고 그랬는데 여기는 다 하니까…

전 : 거기에서는 너만 하는 희열이 있었나 보다. 여기는 오히려 다 하니까… 최○이 어때? 화장에 관심이 많아?

최 : 네. 저는 화장을 하지 않았어요. 거기에서는 아예 화장을 안 했거든요.

전 : 최○이는 제도에 순응하는 스타일?

최 : 아니요. 순응하는 스타일은 아니었어요. 그런데 화장에 관한 생각조차 못 했고, 제 나이 또래에 화장하는 사람이 아무도 없었거든요. 정말 아무도 화장하지 않았어요.

전 : 그럼 김○이는 정말 특별한 아이네.

최 : 몇 살 때 화장을 시작했어요?

김 : 초등학교 2학년이요.

최 : 초등학교 2학년이요? 저는 그게 특이한 케이스라고 생각해요. 제 주변에는 화장하는 사람이 없었고, 제 친구 언니가 고등학생이었는데 화장했거든요. 우와~ 예쁘다 이러면서요. 그리고 저희는 보통 집에서 해보는 정도였어요. 엄마 몰래 화장품 바르면서 역할 놀이를 했던 것 같아요.

전 : 사람마다 다르고, 김○이는 특별하게 열심히 화장했던 학생이었네.

김 : 그런 것 같아요.

전 : 화장품 종류도 옷의 종류처럼 다양하다고 생각하면 될까?

김 : 훨씬 다양하죠.

전 : 논문에 보니까 사람들이 마음을 편안하게 하기 위해 방어기제를 쓴다고 하더라고요. 예를 들어, "나 몰라"라고 하면 회피한다고 하잖아요. 옷에서도 그런 심리가 작용해요. 한 예로 남자 친구와 헤어져서 자존감이 바닥을 치면, 예쁘게 입고 나가고 싶다는 생각이 들죠. 혹은 모임에 가기 전에 재킷을 입고 가야겠다는 생각도 들고요. 맞는 모임과 성격에 따라서 어떤 사례가 있을까요? 내 마음을 보호하기 위해서 옷을 샀던 경험이 있나요? 불편한 감정을 옷을 사고 입음으로써 해소했던 경험이 있을까요? 이○ 씨는 어떻게 생각해요? 좀 생각할 시간이 필요하죠?

이 : 그렇게 옷은 입어본 적이 없어서…

전 : 그냥 예를 든 거예요. 여행을 가면 샤랄라한 옷을 사서 입고 가는 친구들이 있잖아요. 홍대 클럽에 갈 때는 힙한 복장을 하고 가기도 하고요. 최○이는 장소에 맞게 입지 않나요?

최 : 저는 키가 작아서 밝은색이나 귀여운 옷을 입으면 초등학생 같아 보여서 어두운색의 옷을 입으려고 해요.

전 : 대학생이잖아요. 초등학생으로 보이는 것을 방지하기 위해 대학생의 스타일에 맞춰 입는 거군요.

최 : 네.

전 : 진○이는 어때요? 한참 공부하는 시기니까, 불편한 감정을 극복한 경험이 있나요?

진 : 그런 것은 없고, 옷을 살 때가 제일 좋아요. 옷을 볼 때 행복해요.

전 : 최근에 옷을 사서 기분이 좋았던 때가 있었나요?

진 : 최근에는 없어요. 아~ 있기는 한데, 며칠 입다가 다시 모셔두었어요.

전 : 예전에 사서 좋았던 것 중 하나 이야기해 줄 수 있어요?

진 : 옛날에 샀던 청바지 중에 스판이 들어간 게 있었어요. 처음에는 그런 걸 몰랐는데, 알고 나니까 그 뒤로는 그런 바지만 입게 되더라고요.

전 : 편안함이 중요하군요. 몸에 잘 맞는 옷을 입으면 기분이 좋아지는 것 같아요.

진 : 네. 행동할 때도 편안해요.

전 : 꽉 끼면 불편하죠?!

진 : 네. 불안한 느낌도 들어요. 혹시 찢어지면 어쩌나 그런 걱정도 하고요.

전 : 내가 옷을 입었을 때 신분이 상승하는 것 같은 기분이 드는 경험이 있나요?

진 : 그런 적은 딱히 없지만, 가끔 오늘은 예뻐 보인다고 느낄 때가 있어요.

전 : 어떤 모습인지 기억이 나지 않지만, 아프리카에서는 목에 무언가를 많이 끼잖아요. 신분이 높을수록 목을 늘려가면서 끼나 봐요. 문화마다 다른 것 같은데, 그런 경험이 있나요? 이○ 씨는 어떤가요? 내가 옷을 입었을 때 남들과 다른 느낌이 드는 경험 같은 거요.

이 : 조금 다를 것 같다는 생각이 드는 건, 버버리 정도는 입어야 한다는 정도예요. 백화점에서 일반 옷을 입으면 별로 다르다는 생각은 안 들어요. 톰 브라운 정도의 가디건을 걸치면 나름 특별하다고 느끼죠.

전 : 상표가 어느 정도 레벨이 있어야 한다는 거군요?

이 : 네. 구찌나 몽클레어 같은 걸 입으면 '나도 하나 정도 있네'라고 느끼지만, 제 옷 중엔 평범한 것들이 많아서 특별하진 않아요.

전 : 명품을 입으면 마음의 변화가 있나요?

이 : 저는 자체 만족이라고 생각해요.

전 : 자체 만족을 위해서 많은 돈을 쓰는 거군요.

이 : 예를 들어서 동생은 버버리 패딩을 가지고 있는데, 입으면 저한테는 그 옷이 잘 맞지 않아요. 제가 XS나 S 사이즈를 입기 때문에 동생 옷이 저한테

는 안 맞아서 입을 수 없거든요. 그런데 동생이 그런 옷을 입으면 명품이라서 그런지 키도 크고 날씬하니까 잘 어울려요. 동생은 키가 170cm에 44라서 어떤 옷을 입어도 잘 어울리는데, 명품이면 더 돋보이는 기분이에요.

전 : 맞아요, 몸매도 중요하죠. 비싼 옷을 잘 돋보이게 해주니까요. 마음의 상태와도 연결될 수 있을 것 같아요. 이○ 씨는 어떤 옷을 입을 때 기분 전환이나 우울감 해소가 되나요?

이 : 아직 제 몸매가 제가 원하는 모습이 아니라서 옷도 그냥 상황에 맞춰 사게 돼요. 사고 싶어서 산 게 아니라서, 그래서 그 옷을 입고 나가도 기분이 좋아지지는 않는 것 같아요.

전 : 그러면 옷이 위로를 주는 건 별로 없다고 봐야 할까요?

이 : 네, 거의 없는 것 같아요. 진짜 알아봐 주는 명품이어야 만족이 되지, 제 옷으로는 위로까지는 안 되는 것 같아요.

전 : 최○이는 명품에 대해 어떻게 생각해?

최 : 저는 경제적 여유가 없어서 명품을 못 입는데, 있다면 입고 싶죠. 명품을 입는 사람들을 보면 멋있다고 생각해요. 명품은 본인의 경제적 위치를 드러내는 것 같고, 타인의 시선을 더 신경 쓰게 되는 것 같아요. 명품을 입음으로써 본인의 능력과 노력을 보여주는 것 아닐까요?

전 : 본인이 능력이 안 되는데 명품을 입으면 문제가 될 것 같은데요?

최 : 맞아요, 그건 문제가 되죠.

전 : 정리해 보면, 지난 번에 북한에서 옷 관리 기준에 대해 언급했잖아요. 예를 들어 무릎 위 10cm 이상은 안 되고, 노출이 안 되고, 청바지나 스키니는 안 된다고 했던 거요. 그리고 규찰대에서 외모 단속도 한다고 들었는데, 반짝이 바지 같은 것도 단속 대상이 되나요?

최 : 그런 것 같아요.

전 : 이 외에 보충할 내용이 있을까요? 북한에서 단속되는 의복 관련해서.

이 : 북한은 입을 수 있는 것보다 할 수 없는 것이 더 많아요. 귀걸이도 몇 센티 이상은 단속되고요. 여기서는 멋으로 여겨질 수 있지만, 거기서는 단속 대상이 되죠. 청바지나 염색도 금지되고, 통바지도 못 본 것 같아요. 너무 붙어도 안 되고, 너무 통통한 바지도 안 되고 그냥 정사이즈로 입어야 했어요. 저는 그 규칙을 따르기만 했고요. 하지 말라는 건 하지 않아서요. 특히 청진시 김일성, 김정일 동상이 있는 곳을 지나갈 때는 머리 길이도 신경 써야 하고 바지도 주름이 펴져 있어야 하니, 그런 곳을 잘 안 다니게 되었어요. 외출할 때마다 제 외모를 항상 점검하고 나갔죠. 김일성 얼굴이 있는 초상화가 모셔져 있는지 확인하면서요.

전 : 그게 뭐야?

이 : 여기서는 배지라고 말해야 하나?

전 : 배지? 옷핀으로 다는 것?

최 : 김일성 얼굴이 있는 초상화.

전 : 김일성 얼굴이 있는 배지? 그걸 모든 옷에 다는 거야?

이 : 동네를 나갈 때는 상관없죠. 도로 중심으로 가야 하는데, 규찰대가 있으면 성인이더라도 안 달면 단속이 되는 거죠.

전 : 그건 몰랐다. 우리도 안경을 놓고 가는 경우가 많잖아. 바쁘다 보니… 그러면 배지를 깜박 하면 불안하겠네.

이 : 단속하는 사람은 하지 않은 사람을 단속하는 거라서 바쁘든 그렇지 않든 상관없이 처벌받아야 해요.

전 : 내가 나갔다가 배지를 빼놓고 왔으면 다시 집에 가서 가져와야 하는 거야?

이 : 규찰대를 피해서 돌아가고 동네 어귀로 다녀야 해요.

전 : 규찰대가 있는 장소가 있구나.

이 : 마을 골목까지 있는 건 아니어서.

전 : 마을에 수시로 있는 건 아니구나. 대충 어디에 있는지 아는 거구나.

이 : 제가 살 때는 매번 골목에 있는 건 아니니까, 규찰대가 저기에 있다는 걸 알고 돌아가자고 했던 것 같아요.

전 : 더 물어보고 싶은 것이 많은데 아쉽네. 의생활 문화에 관해 직접 들으니까 훨씬 이해가 잘 되고 좋은 것 같아요. 간단히 소감을 이야기하고 마칠까요?

최 : 제가 생각한 것과 관련된 게 많아서 제 마음과 생각에 대해 더 깊이 생각할 수 있었어요. 지난번에는 실제 생활에서 어떤 것을 입고 안 입는지를 말했는데, 지금은 더 깊이 있는 이야기로 제 마음을 이야기하다 보니 생각할 것이 많아졌어요. 그래서 더 재미있었던 것 같아요.

전 : 마지막에 '옷이란 무엇이다'라고 한 문장으로 만든다면?

최 : 옷이란…

전 : 조금 생각해볼까?

이 : 저 같은 경우는 확실히 다르다는 걸 알았어요. 나이대와 가정환경이 많이 차이 나는 것 같았고, 지금도 저 같은 경우는 아직 보수적인 것 같아요.

전 : 보수적인 집안에서 자라서?

이 : 네. 이런 자리를 마련해 주셔서 감사하고, 저보다 젊은 사람들과 대화해보니까 확실히 생각 자체가 다르다는 느낌이 들었어요.

전 : 서로의 다른 생각들을 공유하고. 진〇아, 얼떨결에 한 명이 빠지면서 함께 참여하게 되는데… 바쁜 것 같은데 참석해 보니 어땠어?

진 : 저는 일단 좋았어요. 내가 어떤 옷을 주로 입게 되는지, 어떤 옷을 선호하게 되는지 다시 정확하게 알 수 있었던 시간이었던 것 같아요. 잘 몰랐던 부분인데 옷에 대해 생각하게 되니까 어떤 옷을 입을지 고민하게 되었던 것 같아요.

전 : 그렇구나.

진 : 북한에서 내가 어떻게 입었던 건지 기억이 안 났고, 생각해 본 적도 없었어

요. 이 시간을 가지면서 '내가 어떻게 입었구나'라고 되새기게 된 것 같아요.

전 : 생각하는 즐거움이 있었네. 김○이, 너는 어땠어?

김 : 저도 저번에는 못 느꼈는데, 내가 어떤 옷을 입어야 단점을 커버할 수 있을지 생각해 봤던 것 같아요.

전 : 그렇군요. 오늘은 의생활과 관련하여 생각할 기회가 된 거 같아요. 시간 내주셔서 감사합니다.

# 제3부

# 4050 북한출신
# 중년 여성들의 여가생활

○

* 인터뷰어 : 전주람

* 인터뷰이 : 40-50 북한출신 중년여성

  참여자 1 (40대 초반, 청진, 2013년 탈북, 기혼)

  참여자 2 (50대 초반, 평양, 2010년 탈북, 이혼)

  참여자 3 (40대 초반, 무산, 2008년 탈북, 기혼)

  참여자 4 (40대 초반, 무산, 2005년 탈북, 기혼)

* 인터뷰일시 : 총 1회기

  2020년 2월 27일 목요일, 오전 10시~12시 15분(2시간 15분)

* 인터뷰장소 : 서울 소재 A복지관 강의실

* 주제 : 여가생활

람 : 여가란 ____이다. 이렇게 한 문장으로 단어를 채워봅시다.

참여자 1 : 저는 여가란 힐링이다. 힐링의 의미는 그동안 쌓였던 것을 풀고, 스트레스를 해소하며, 보고 싶은 사람도 만나고, 즐길 것도 즐기는 것 아닐까요?

참여자 4 : 여가란 취미다. 여가는 시간적 여유가 있을 때 하는 것이잖아요. 저는 하고 싶은 운동을 할 수 있고, 해보지 않았던 것에 도전해 보기도 해요. (어떤 활동이 가장 좋으세요?) 여행하고 놀 때 가장 좋아요. 맛있는 것도 먹고, 마음이 맞는 사람들과 함께할 때가 재미있어요.

참여자 3 : 저도 여가는 취미라고 생각해요. (남한에 오셔서 어떤 취미를 해보셨어요?) 광범위하게는 못 해봤지만, 여행을 했어요. 아이가 있다 보니 주로 아이들 위주로 다녔던 것 같아요. 일 년에 한두 번 내 시간을 가질까 말까 했어요. 제주도도 가고 강원도 같은 곳으로 주로 국내 여행을 했어요. 아이들 위주로 다니고, 아이들이 있는 집과 함께 가기도 했어요. 지금 생각해 보니 가끔 나만을 위한 여행도 가고 싶어요. (북한 사람들과?) 북한에서 오신 분들과도 가고, 남한 사람들과도 가요. (어느 쪽이 더 편해요?) 둘 다 똑같아요.

참여자 2 : 저는 삶의 충전, 에너지인 것 같아요. 삶을 충전시켜 주는 에너지가 여가예요. (어떤 활동을 할 때 충전되세요?) 매일은 못 해도 회사 다닐 때 쉬는 날이 있잖아요. 그럴 때 어디 가서 밥도 먹고 하면서요. 회사에서 조직사업을 하니까, 그럴 때 사람들끼리 소통도 되고 친해지기도 해요. 그다음 날 회사에 가면 서로 더 친근하게 느껴져요.

람 : 국가의 전체적 틀 안에서의 조직적으로 생활하는 편이다 보니, 북한에서 "여가"라는 단어를 깊이 생각해 보지 못했을 거 같기도 해요. 어떠세요?

참여자 1 : 그렇죠. 북한에서는 "여가"보다는 보통 "휴가"가 있어요. 1년에 한 번 보름 휴가를 주는데, 바빠서 연말까지 못 쉰다고 하면 물품을 받기도 해요. 어떤 사람들은 조금 더 받으려고 휴가를 안 쓰기도 하고요. 보통 엄마들은 김장철이나 겨울에 땔감이 들어올 때 많이 쉬시는 것 같아요. 저희 어머니 같은 경우에도요.

참여자 2 : 북한에서는 "여가"에 대한 개념이 없어요. 그러니까 자기 삶에서 여가에 대한 관점이 없고, 여가에 중심을 두지 않아요.

참여자 1 : 부모님들은 집안일이 바쁘니까 그렇고, 젊은 사람들은 휴가철에 즐기더라고요. 여름에 바다도 가고요. 저희 오빠들이나 언니들을 보면 그렇습니다. 통행증이 없으니까 멀리는 못 가고 가까운 친구 집에 놀러 다니기도 해요. 맛있는 것도 먹고, 우리는 노름도 많이 해요. 그런 것도 하고, 연애를 하면 남자들과 가까운 곳으로 놀러 가기도 해요.

람 : 지금은 남한에 내려오셔서 얼마나 여가를 보내는 것 같아요?

참여자 1 : (크게 한숨) 게을러져서… (웃음) 애가 바다에 가자고 하면 가서 바닷물에 빠질까 봐 건져 오고요.

참여자 2 : 오히려 여기 복지관에 나와 있는 게 여가가 돼요.

참여자 3 : 아이 없이 혼자서 계획 세우고 하는 건 현실적으로 어려워요.

참여자 1 : 저는 여기서 아이쇼핑을 정말 좋아해요. 그런 건 제가 풍족하지 않아서 뭘 살 수 있는 형편이 아니니까요. 그냥 쭉 아이쇼핑을 하는 거죠. 예전부터 십 년 된 습관이에요. 답답할 때면 백화점 같은 데 가서 아이쇼핑을 잘하고 들어오면 힐링이 되더라고요. 아이를 어린이집에 보내고 혼자 준비해서 나가요. 애도 있고 차도 없어서 멀리 못 나가니까 가까운 곳에 가는 거죠. 기껏 가봐야 김포공항이나 백화점 같은 곳이에요. 가면 한 바퀴 돌고, 동대문 같은 데 가고 싶긴 한데 게을러서 못 가요.

참여자 2 : 그런 데 책 보기 좋잖아요.

참여자 3 : 저도 좋아해요. 정말 좋아해요. 초등학교 때부터 책을 너무 좋아했어요. 참된 사람의 이야기, 톨스토이의 '부활' 1, 2, 3도 있죠. 북한 고향 떠나기 전에 본 책 중에 '열흘 낮 열흘 밤'이 있어요. 그건 광주 폭동에 관해 쓴 거예요. 저는 책을 정말 좋아했어요. 밥상에서도 책을 펼쳐서 있다가 아빠한테 턱 맞았어요. 밥 먹고 책 보라고.

참여자 1 : 나만의 시간을 가지는 게 정말 좋더라고요. 아이쇼핑, 같이 다니면 방향이 달라서 잘 못 가요. 그런데 혼자서 가면 좋더라고요.

참여자 4 : 저는 책 하나를 깊이 있게 보는 것보다 사람들이 많은 곳에 가는 걸 좋아해요. 커피도 마시고, "어, 이런 것도 있네? 이거 좀 관심 있네?" 하는 느낌이 좋아요.

참여자 1 : 저는 도서관에 들어가면 잠잘 것 같아요. (웃음)

참여자 4 : 스트레스를 받을 때는 집에 있으면 하늘이 노래 보여요. 그런데 나가면, "아, 이렇게 사람들 일상생활 하고 있구나" 하는 느낌이 들어요.

참여자 3 : 가까운 시장에 가도 그런 느낌이 들어요.

람 : 남한에 오셔서 처음으로 해본 여가는 무엇일까요?

참여자 1 : 개화산이에요! 거기 올라가고 옆에 공원도 있더라고요. (북한에서 공원이 많잖아요?) 많죠. 집에 와서 혼자인데, 조그만 방에 아무도 없고, 가스레인지 하나, 이불 하나만 덩그러니 있어요. 안에 아무것도 없어서 답답하기 짝이 없더라고요. 돈이 많으면 확 사들이겠는데, 300만 원으로는 그게 쉽지 않죠. 일단 TV랑 세탁기는 있어야 하잖아요. 세탁기 100만 원이고, 이런저런 비용을 생각하면 돈이 모자라고 일자리는 찾기 힘들고, 한 달에 30만 원으로 살자니 답답해서 눈에 보이는 게 산밖에 없더라고요. 개화산만 가게 되더라고요. 친구들도 가끔 바빠서 전화 오긴 하지만, 시간 맞추기 힘들고. 산에 어떻게 올라가는지 알아요? 혼자서 눈을 돌리면서 올라갔죠. 올라갔다 내려오니까 기분이 너무 좋더라고요. 그 이후로 산을 다니기 시작했어요. 한두 달 지나서 어느 날 공원으로 내려왔는데, "어? 여기 공원이 있네?" 지금은 계단도 잘 되어 있고 시설도 좋아졌어요. 그런데 그때는 아예 없었어요. 완전히 산길이었고, 그 산길이 울퉁불퉁했어요. 사람이 마음이 꽉 막혀 있다가도 조심스럽게 하나하나 걷다 보니 막혔던 게 풀리더라고요. 잡생각이 사라지고 다른 쪽으로 집중하니까요. 산에 들어가면 공기 그 자체가 좋고, 솔잎 향도 좋더라고요. 그래서 그게 힐링이 되고 좋았어요. 가끔 하루에 두 번도 올라갔던 것 같아요.

참여자 1 : 하나에 집중하면서 답답한 걸 보면서 산도 보고, 돌도 보고, 나무도 보니까, 길이 험악해서 집중하니까 마음이 가라앉는 거죠. 그게 참 좋더라고요. 그래서 저는 그래요, 저 개화산은 나의 사랑이라고. 하하하

참여자 2 : 이 위치가 올라가기 좋아요.

참여자 1 : 지금은 계단도 잘 해 놔서 이야기하고 내려가면 끝이에요.

참여자 4 : (산에 가면) 에너지가 생겨요.

참여자 3 : 저도 좋아해요. 창문 열면 바로 개화산이 보여요. 저는 10년 만에 올라가 봤어요. 산에 별로 관심이 없었거든요. 설날 이럴 때 사람들이 집 앞에 몰려오는 걸 보고 왜 저럴까 했어요. 해 뜨는 걸 보러 오는 거예요.

참여자 1 : 여기는 다른 데보다 공기도 좋고 기온도 낮아요. 가양 같은 데 가면 "우~ 덥다" 하는데, 여기 오면 그래도 선선해요. 기온이 2~3도 차이 나나 봐요. 체감온도로 하면 한 3~4도 차이 날 거예요.

람 : 여가 중에 불편하고 어려웠던 기억이 있나요?

참여자 1 : 멀리 가는 거요. 처음 왔을 때 동대문도 가고 그랬는데 길 묻기가 굉장히 어려웠어요. 제가 말을 하면 사람들이 중국에서 온 줄 알아요. 동대문 쪽에도 지하상가가 있더라고요. 지하철 쪽에 이불 상가가 있었는데, 이불이 마땅치 않아서 말이 통하지 않더라고요. 침대보 커버라고 부르잖아요. "이불 커버"를 사야 하는데 "이불 덮는 거"라고 해야 했어요. 결국 침대 커버를 사 온 거예요. 예뻤어요. 인견이었고, 그린 색으로 그때 오만 원인가 주고 샀어요.

람 : 아, 용어 문제. 그런 해프닝이 있으셨군요. 그럼 돈 내고 하는 프로그램 등록하세요?

참여자 4 : 전 헬스를 끊었어요. 그런데 아깝더라고요. 유튜브 보면서 따라 해도 되는데 굳이 백만 원이나 주고 다녀야 하나요? PT 일대일 트레이닝을 백 얼마 주고 끊었어요. 원래 하던 사람이 강남 쪽으로 갔고, 이 사람은 태도도 마음에 안 들고 불편하게 하더라고요. 남편이 끊어줬어요. 애 낳고 많이 힘 들고 살이 많이 쪄서, 걱정했나 봐요. 저도 성격이 그 사람과 대판 싸워서 환불해 달라고 했는데 안 해주더라고요. 날짜를 마음대로 변경하는 것도 문제였어요. 예전의 친구는 성실했어요. 그 시간에 비싸게 내고 하니까 최선을 다해야죠. 그런 게 마음에 안 드는 거예요. 한두 번은 그냥 넘어갔는데 도저히 못 넘기겠더라고요.

람 : 그러셨군요. 선생님 같은 경우에 남편이 사업에서 여력이 되지만 다른 분들은 어떠세요?

참여자 2 : 저는 하고 싶은 게 많은데 비싸서 못해요. 하고는 싶은데 돈이 드니까요.

참여자 1 : 생활비도 있어야죠.

람 : 동사무소, 지역 사회 저렴한 거 있잖아요.

참여자 2 : 들어가기 좀 그래요.

참여자 1 : 그거보다도 강사가 잘 못 해준대요. 자세 교정해 주고 그래야 되잖아요. 잘 안 해주나 봐요. 어르신들에 맞게 해준다고 하는데 그게 싫어요.

람 : 그렇군요. 그럼 가족 여가에 관해 얘기해 볼까요?

참여자 4 : 영화 봐요. 토요일 날 애 위주로 주말에 가족끼리 같이 가서 식사도 하고 먹기도 해요.

참여자 1 : 가끔 애가 바다에 가자고 해요. 바다에 가자는 소리를 잘 해요! 을왕리 가요. 몇 번은 갔다 왔어요. 가까우니까요. 딸은 새우튀김을 좋아해요. 우리는 칼국수 먹고 간단하게 먹고 오죠.

참여자 2 : 저는 혼자 영화는 안 봐요. 안 가게 되더라고요.

람 : 저는 가끔 조조영화 보러 잘 가요. 혼자도 잘 가고요.

참여자 1 : 나도 영화를 너무 좋아해서 자주 가요.

참여자 4 : 저는 혼자서 영화 본 적이 없어요.

참여자 1 : 혼자 못 가봤어? 나는 혼자 잘 가. 습관인가 봐. 어렸을 때부터 영화 잘 봤거든. 처음에 개화산 올라갈 때 혼자 가는데 무섭더라고. 그런데 혼자 다니는 사람도 너무 많아서 괜찮았어.

참여자 4 : 혼자 산에 가면 더 좋아요.

람 : 그렇군요. 그럼, 다음으로 여가 촉진 요소에 관해서 이야기해 볼까요. 여가
   의 동기는 보통 무엇일까요?

참여자 1 : 저 같은 경우에는 가고 싶다는 의사를 잘 표현하지 않아요. 하고 싶
   어도 다른 사람은 그럴 수 없으니까요. 다른 사람이 가고 싶어도 시
   간적 여유가 없을 수 있고요. 저는 나 혼자서라도 간다는 스타일이
   에요. 누군가가 가자고 하면 좋겠지만, 그게 안 되면 그렇잖아요. 그
   런 것들이 다 고려가 되더라고요. 집단으로 함께 하면 흥이 돋을 때
   가 많아요. 서로 농담도 하고, 우스갯소리도 하면서 그럴 땐 기분이
   좋잖아요. 혼자도 하고, 같이도 하고요. 여유라는 게 시간이 없을 때
   도 있고, 애 때문에 멀리 못 갈 때도 있고, 몸이 아플 때도 있고, 돈
   이 없을 때도 있죠.

람 : 여가를 누리는 데 돈이 얼마나 중요할까요?

참여자 4 : 저는 그렇게 생각하지 않아요. 돈 안 들이고 할 수 있는 것도 많잖
   아요.

참여자 1 : 맞아요, 등산 같은 거요.

람 : 그렇다면 본인의 주체적인 의지가 중요할까요? 그 시간에 하고 싶은 걸 해
   야 한다고 생각하나요?

참여자 1 : TV에서 하와이, 발리 같은 여행을 보면 너무 부러워요. 어, 나도 가
   고 싶어. 태국도 가고 싶고요. 솔직히 태국은 한 명당 백만 원이면
   가잖아요. 셋이면 삼백이잖아요. 그런데 그게 그렇게 쉽게 재기가
   어렵더라고요. 살림해야 하니까요. 또 애가 어리니까 한 열 살 정도
   되면 멀리 갈 수 있을 것 같아요. 애를 잃어버리면 찾기가 쉽지 않잖
   아요. 조심스러워요. 중국 한 번 가려고 했는데 남편이 애는 어쩌냐
   고 해서 못 갔어요.

람 : 사람마다 가치가 다르죠?

참여자 4 : 그렇죠. 저는 다니다가 요즘 안 가니까 삶의 의미를 잘 느끼지 못해
   요. 다섯 개국을 다녀왔거든요. 사람이 살면서 그런 감정을 느끼는

것 같아요. 몸 상태가 좋지 않아서 외출하기도 겁이 나요. 이런 상황이 좀 불쌍해 보이네요.

참여자 2 : 그러니까 삶의 질이 떨어지는 거죠.

람 : 요즘 코로나 때문에, 그래도 내 몸과 마음은 스스로 챙겨줘야 하지 않나, 그런 생각이 들어요.

참여자 3 : 그런데 애가 피아노 전공하면서 모든 걸 끊었어요. 애가 안쓰럽고, 저도 제 삶이 뭔지 모르겠고, 나이 들면 어떻게 될지 조급한 마음이 드네요. 돈도 많이 들어요. 지원받아서 하고, 애가 오케스트라에 참여하고 있는데, 정말 안쓰럽고 저도 힘들어요.

참여자 4 : 제가 북에 있을 때는 여가란 돈 있는 사람들이나 즐기는 것으로 생각했어요. 해수욕이나 그런 것들. 여가는 엘리트층의 전유물이라고 느꼈죠. 남한에 와서 그 생각이 깨졌어요. 누구나 즐길 수 있는 것이구나. 어릴 때 갔던 경험이 상대적 박탈감을 느끼게 했어요. 저희 고모부가 함흥의 한 호텔 지배인이었는데, 그곳에서 대접을 받았어요. 그 사람들이랑 친해서 저를 데려갔는데, 북한에 살면서는 그렇게 대접받지 못했거든요. 여기 오면 누구나 여가를 즐길 수 있잖아요.

람 : 여기서도 물론 상류층의 여가는 드리기도 하죠?!

참여자 4 : 그래도 여기는 돈이 안 들어도 여가를 즐길 수 있잖아요.

참여자 1 : 제가 거기서 놀았던 것들은 여가라고 생각하지 않았어요. 우리는 "놀러 가자" 이렇게 말하잖아요. 여기 내려오니까 '여가'라는 개념이 생겼어요. 여가의 범위가 넓구나, 처음에는 사람들이 왜 저렇게 놀러 다니는지 궁금했어요. 주말에 차가 막히면 "이 사람들이 뭐 하러 다니는 거지?" 했었죠. 내가 거기서도 즐겼던 것들이 여가라는 걸 이제야 알게 되었어요.

람 : 네.

참여자 1 : 주말 같은 때에는 차가 막히고, 고속도로에서도 그럴 때가 많아요.

여름에는 바다나 계곡에 가면 차가 막히잖아요. 사람들이 저렇게 많이 가는 이유가 뭘까요? 교통수단이 잘 되어 있고, 시간적 여유도 있으니 자유롭게 다닐 수 있는 것 같아요. 우리는 제한이 있었는데, 강원도에서 전라도까지 놀러 갈 수 있으니 참 신기하더라고요. 우리 때는 일 년에 한 번 쉬고, 늦잠 자고 친구들이랑 놀고, 방학 때 바다에 가는 정도로 끝났어요. 여기는 운송수단이 좋으니까 마음대로 다니는구나.

참여자 3 : 거기에는 '취미'라는 개념이 없었던 것 같아요. 아니, 언어는 있지만 "내가 취미가 뭐야"라고 잘 말하지 않았어요. 그냥 "나 이거 좋아해" 이런 식이었죠. 여기 오니까 주말마다 여기저기 가는 사람들이 인산인해를 이루더라고요. 아, 저 사람들은 먹고 살 만하니까 저렇게 다니나? 그렇게 생각했는데, 이게 문화고 그들의 일상이구나, 라고 받아들이게 되었어요.

참여자 1 : 거기는 지하철이 없다 보니 운송수단이 부족해요. 먼 곳을 가기 힘들고, 차를 어쩌다 한 번 렌트하지 않으면 안 되는데, 렌트하는 것도 돈이 필요하죠. 그리고 차가 있는 집에서 주변 사람들에게 빌려줘야 하기도 하고요. 우리 어렸을 땐 화물차나 봉고차조차 없었어요.

참여자 3 : 놀러 다니는 판국이다 보니 운전기사들도 술을 마십니다. 그래서 사고가 나도 모르는 경우가 많고요.

참여자 4 : 정말 개념이 없는 것 같아요. 형식적으로 단속은 하지만요.

참여자 1 : 대개 술을 안 마시는 사람을 기사로 뽑더라고요. 거기서는 운전학원을 1년, 2년 다니는데, 여기는 짧잖아요. 그래서 그곳에서 차를 빌려 쓰는 것 같아요.

참여자 2 : 난 그런 게 좋더라고요. 동호회 같은 걸 하고, 학교 졸업 후에도 친구들끼리 자전거 타기나 등산 같은 걸 조직적으로 하니까 엄청 신기하고 좋았어요! 쉬는 날에 여행가고 맛집에 가. 처음에는 저 사람들은 돈을 많이 벌었나? 그렇게 맛있는 집 찾아다니고 어디 놀러 가고 제주도 구경하고 비행기 타고 외국 여행까지, 그게 아니더라고요. 여기 사람들은 그냥 일하고, 일한 만큼 즐기는 거예요. 우리는 돈을 꽁꽁 모아야 한다고 생각하는데, 여기 사람들은 즐기면서 사는 개념이 확 달라요.

참여자 4 : 통장에 돈이 좀 있어야 편안한 느낌이 드는 거예요. 근데 저도 이제 좀 바뀌었어요.

참여자 2 : 저축하고 은행 운영은 거의 안 해요. 해도 금액이 적고, 그래서 집에 돈을 두는 편이에요. 그러니까 저축 개념이 있어요. 일하면 돈을 꼭 모으거든요. 여기 사람들은 일을 하면서 뭘 할 생각을 하는데, 우리는 돈을 모아서 뭘 하려는 거예요. 돈에 대한 관점이 확실히 달라요.

람 : 여기서는 돈이 없어도 외제차를 타고 다니잖아요.

참여자 2 : 여기 젊은 애들 중에는 외제차를 2억, 3억에 사놓고, 그거 다 할부잖아요. 외제차를 타기 위해서 5개, 6개 직업을 가지면서 일하잖아요. 그게 인생을 즐기면서 사는 거잖아요. 처음에는 이해를 못 했어요. 하지만 지금은 좀 바뀌었어요. 우리는 절대 빚을 생각하지 않았어요. 그런데 지금은 그게 이해가 돼요. 아, 사람이 언제 죽을지 모르니까 오늘 즐기면서 살자, 이런 문화적으로 이해가 됩니다. (요즘 빚 좀 내서 즐기세요?) 아뇨, 그렇게까지는 못해요. 체크카드 정도, 즉 내가 있는 범위 내에서만 쓰자는 거죠. 대출까지 받아서 뭘 하자는 건 아니에요. 그건 제가 결단을 내릴 수 있는 부분이 아니에요.

참여자 4 : 맞아요. 사람들의 생활 방식이 이해되더라고요. 처음에는 이해가 안 되었어요.

참여자 1 : 저 같은 경우는 처음에 오니까 남한 사람들은 집은 없어도 차는 다 있더라고요. 그게 무슨 소린가 했어요. 정말 그렇더라고요. 왜 저렇게 살지? 처음에는 그렇게 생각했어요.

참여자 2 : 그러니까 사는 방식이 사람마다 달라요.

람 : 내가 좀 물들고 있나요?

참여자 4 : 저 같은 경우는 남편(북한출신)이 사재기를 많이 해요. 그래서 제가
절제를 하게 되죠. 자기가 귀공자인 줄 아는 거예요. 어릴 때부터 그
렇게 자라서 그런지, 남편은 버는 만큼 써야 시름이 덜 하는 것 같아
요. 우리는 아이도 있으니까, 쓰는 게 행복한 것 같아요. 제가 못하
게 하니까 남편이 눈치를 보게 되죠.

참여자 2 : 저도 처음에는 저런 생활 방식이 좀 그랬는데, 지금은 괜찮다고 생
각해요. 저런 것도 옳다고 느껴요. 내가 지금 뭘 하고 싶으면 돈은
나중에 줘도 괜찮다는 생각이 들어요. 할부는 잘 안 해요.

참여자 1 : 무이자는 좋죠. (웃음)

참여자 3 : 처음에 50~70 했던 게 지금 몇백으로 늘어나는데, 다 할부예요. 할
부들이 모여서 매달 내는 게 많아요.

참여자 2 : 처음에는 자기들이 돈이 없으면 쓰지 말지, 했는데, 지금은 이해가
돼요. (하고 싶어도 못 해요. 왜?) 그게 목표가 있어야지, 그런 용도
가 생기면 하게 되죠.

참여자 1 : 저는 옷 같은 건 없어도 괜찮아요. 그렇게 되더라고요.

참여자 1 : 해외여행 같은 것도 예전에는 생각도 못 했어요. 해외여행은 진짜
엘리트들만 가는 줄 알았어요. 제가 옛날에 외국어를 하다가 뽑힌
적이 있었거든요. 여기로 말하면 학교인데 외국어 중심으로 운영돼
요. 외국어를 잘하니까 통번역도 해주고 해외로 나갈 수 있다, 그렇
게 교장선생님이 말씀하셨어요. 그때가 9살, 10살 때였는데, 해외
가 뭐지? 외국에 나간다고 하니까, 왜 외국에 가야 하지? 지금은 일
하러 나가는 사람들이 많아요. 기업에서 건설 노동을 하기도 하고,
건설업체들이 러시아로 가기도 해요. 우리 친구 아빠가 나갔다 들어
오더니 달러를 가져왔어요. 옷감과 옷도 사 왔대요. 반짝이는 원단
이었죠.

참여자 1 : 야, 좋겠다. 반짝반짝한 바지. 투명한 양말도 있어요. 치마를 입었
는데, 양말 바지를 입었냐고 다리를 뜯어보곤 했어요. 우리 12살 때

이야기예요.

참여자 2 : 해외여행 가는 게 신기했어요. 외국 여행 다니는 게요.

참여자 3 : 생활 수준의 차이와 자유를 누릴 수 있는 권리. 결국 폐쇄적인 나라
에서 살았구나, 억울함이 느껴져요.

람 : 남북을 비교하면, 어디가 더 행복해요?

참여자 1 : 여기가 더 낫죠.

참여자 1 : 여기 스트레스가 많아요. 여기는 모든 걸 따라가야 하고, 거기는 별
다른 잡생각이 없었던 것 같아요. "너 이거 해!" 하면 끝나잖아요.

참여자 4 : (북한은) 단순했어요.

참여자 2 : 거기는 선택의 여지가 없으니까 단순할 수밖에 없어요. 이거 할까
저거 할까, 고민할 필요가 없죠. 여기는 생각할 여지가 없는 거예요.
난 반반이라고 생각해요. 거기도 장점과 단점이 있고, 사람이 다 가
질 수는 없어요. 거기선 직업 고민할 필요도 없고, 여기는 식당 가는
것도 그렇고, 어떻게 일할 것인가 항상 생각해야 해요. 거기서는 크
게 고민을 못 해 봤거든요.

참여자 3 : 그러니까 창의력이 없고 발전을 못 하는 거예요. 근데 여기는 선택
권이 너무 많다 보니까 결정장애가 생기는 것 같아요.

참여자 1 : 거기 사람들은 창의력이 있어도 "네가 뭐 그런 걸 하겠니? 하지
마!"라고 해요.

참여자 4 : 저는 여기 너무 좋은 것 같아요. 훨훨 날아다닌다고 생각해요. 날아
다닐 수 있잖아요.

참여자 1 : 여기에는 즐거움이 있는 것 같아요. 내가 하나하나 벌어서 뭔가를
사고, 뭔가를 하고, 내가 즐길 수 있고, 나만의 만족감이 느껴져요.
옷을 하나 사도 그렇고요. 거기는 유행에 따라가는 옷을 입어야 하
고, 튀는 건 못 입잖아요. 그런 건 마음대로 못 하죠.

참여자 1 : 매니큐어도 못 하게 해요. 지금도 못 할 거예요. 청바지는 입는다고 하더라고요.

람 : 그렇군요. 그럼, 잠시 쉬고 다른 질문으로 넘어가 볼게요. (10분 뒤) 일, 노동, 그리고 행복이라는 단어를 연관 지어 봤을 때 어떤 생각이 드세요?

참여자 1 : 저는 일이란 생존이라고 생각해요. 30만 원 가지고 살기 힘드니까, 좀 더 벌어야 해요. 30만 원으로 어떻게든 먹고살아야 하니까 그걸 극복해야죠. TV도 없고 아무것도 없으니까, 생존을 위해 일하는 거예요. 생존이라는 말이 험악하게 들릴 수도 있지만, 그걸로는 안 되는 거예요. 이것저것 하면 옷 한 벌 사 입을 돈도 안 돼요. 오천 원짜리만 사 입고 살아야 하니까요. 알바를 해야죠.

람 : 지금은 어때요?

참여자 4 : 일은 생계죠. 직업에 귀천이 어디 있습니까? 돈 많이 주면 하는 거죠. 저는 일에 따라서 천만 원 준다면 소화할 수 있으면 하는 거고요. 적성에 안 맞으면 고려해 봐야죠.

참여자 2 : 일이라는 개념이 좀 바뀌었어요. 일하면 제 삶의 질이 높아지는 것 같아요. 내가 세상에 살아가는 존재의 의미를 느끼는 것 같아요. 일을 해서 돈을 조금 적게 받더라도 사람들과 잘 어울리고 잘 지내는 걸 선호하게 되었어요. 옛날에는 예를 들어 여기는 월급이 130인데 저기는 160만 원을 줘. 그럼, 사람들이 부딪히고 힘들어도 돈을 위해서 일을 했거든요. 그런데 지금은 아니에요. 돈을 조금 적게 받더라도 오래 할 수 있고, 그러니까 일하면 내가 살아가는 존재라는 걸 느껴요. 이런 좋은 생각이 들더라고요. 일하면 저는 먹는 맛도 잊어버려요. 일에 미쳐서. 식당에서 일하면 손님들이 "일을 즐기며 하세요? 즐거우세요?"라고 물어보면, 저는 웃으면서 대답해요. 그게 좋은 것 같아요.

람 : 어떻게 그렇게 하실 수 있으세요?

참여자 2 : 일하면, 그 공간이 내 삶의 전부라는 게 의미가 큽니다. 집에 가족이 있고 아이가 있으면 두 가지를 다 부담해야 하잖아요. 그런데 저는 독신이라서 일하는 의미가 더 큰 것 같아요. 아이가 있으면 그렇게까지는 못하겠죠. 일하는 즐거움이 크다고 볼 수 있어요.

참여자 4 : 제가 한국에 와서 제 생활을 시작한 지 3년이 되었어요. 저도 하고 싶은 게 많았고, 아이를 낳으니 경력 단절이 되고 제 삶이 무너지는 느낌이었어요. 아이를 잘 키워야 한다는 압박감이 큰 것 같아요. 지금은 많이 내려놓았지만, 제 생활이 무엇인지 고민하게 되더라고요. 혼자 살면 저런 게 부럽습니다.

람 : 그렇군요. 일이 어떤 의미예요?

참여자 4 : 아이를 키우면서 뭔가를 해야겠다고 생각했어요. 제 꿈은 재단을 만들어 탈북 고아들을 돌보는 것입니다. 돈을 벌어서 자리를 잡고 싶어요. 탈북 고아들이 시설에서 괜찮다고 해도 힘들잖아요. 보이스피싱 같은 피해를 당하는 경우도 많이 봤고요. 그런 걸 보면 마음이 아파요. 똑똑한 아이들인데, 동생들이 생각나서 마음이 아프죠. 일은 제 삶의 활력소입니다.

참여자 2 : 일을 해야만 내가 사회의 일원이라는 느낌이 들어요. 이 사회가 나를 필요로 한다는 걸 느끼게 되죠.

람 : 어떤 사람은 일에 의미를 두고, 어떤 사람은 돈이 필요하죠.

참여자 3 : 노동은 삶의 연장선이에요. 노동 시간에 대한 기준도 있고, 워라벨도 많이 이야기하잖아요. 생존과 저축을 떠나서, 나를 즐기면서 할 수 있는 일이 중요하죠. 물론 사회생활 하면서 갈등도 있고 힘든 점이 있겠지만, 그런 과정을 통해 인간관계를 풀어나가는 거죠.

참여자 1 : 저는 예전에 일을 할 때, 30대 초반이었어요. 그때 돈의 중요성도 있었지만 젊었으니, 힘이 있었던 것 같아요. 월급이 많으면 힘이 들기도 하잖아요. 어떤 50대 아줌마가 그렇게 말하더라고요. "너무 돈에 매이지 마라. 집착할수록 몸이 상한다." 그때는 무슨 말인지 몰랐어요. 몇 년 힘들게 일한 후 아파서 누워있었죠. 한 석 달 쉬었어요. 오히려 돈을 까먹는 상황이 되더라고요. 그때 이런 소리였구나, 너무 미련하게 일하지 말아야겠다고 생각했어요.

참여자 1 : 한번은 월급이 괜찮은 곳에 들어갔는데, 한국이 아니었어요. 너무 힘들었어요. 관리 업무였는데 나중에 정신적으로 몸이 아프더라고요. 그런 일을 겪고 나니 돈만이 전부가 아니구나, 깨달았어요. 하지만 여전히 돈을 좋아해서 자꾸 집착하게 되더라고요. 한국에 와서도 힘들게 살면서 공부하고 알바 했는데, 후배들에게는 그렇게 살지 말라고 자꾸 말해요. 제 경험이니까요. 몸이 망가져 버리면 소용없어요. 그때는 그런 말을 많이 했어요. 그래도 돈에 대한 욕심은 쉽게 내려지지 않네요.

저는 이 세상에서 돈이 없으면 죽은 목숨이 아닐까, 생각해요. 이건희를 신랑이 그러더라고요. "돈 많으면 뭐 하냐, 침대에 누워있는데." 그럼, 제가 말해요. "돈이 있으니까, 침대에 누워있지. 우리 같으면 이미 땅속에 누워있을 거야. 돈 없으면 벌써 화장해 버렸지." 제 생각은 그렇습니다.

참여자 2 : 북한에서는 일이 국민의 신성한 의무라고 말해요. 그러니까 의무라는 것은 무조건 해야 한다는 거죠. 의무라는 것이죠.

람 : 저는 일을 한다는 개념 없이 돈을 벌고 싶었어요. 하고 싶은 일을 하면서 의식주를 해결하고 싶었어요. 그러니까 노는 거처럼 일하고 싶었다고 할까요? 선생님들에게 좋은 직업은 뭘까요?

참여자 1 : 나에게 맞는 직업이요.

람 : 모든 사람이 자기에게 좋은 것만 할 수는 없잖아요. '좋은 직업'의 조건을 생각해본다면 무엇이 있을까요?

참여자 1 : 며칠 전, 제가 아는 언니가 LG 대기업에 다닌다고 했어요. 나가면 아침도 준대요. 내가 대기업인데 청소부라도 안 시켜주냐고 했어요. 그 대기업이라는 소리만 들어도 좋잖아요. 연봉도 좋고 퇴직금도 좋고. 저는 그게 좋아요. 거기에 들어가는 사람들은 머리가 좋으니까요.

람 : 그렇군요. 대기업. ○○는 앞으로 어떤 직업을 갖고 싶으세요? 어떤 일을
하면 행복하실 것 같아요?

참여자 1 : 저는 사회복지를 전공했으니까, 기본적으로 그 분야에서 일하고 싶
어요. 개념이 넓잖아요. 처음에 제가 사회복지를 왜 배웠는지 생각
해 보면, 어르신들이 혼자 사시는 모습을 보면 저의 어머니가 생존
해 계신다면 지금 북에서 혼자 계실 것 같다는 생각이 많이 들어요.
어르신들을 보면 제 엄마가 혼자 살고 계신다는 게 연관이 되면서
자연스럽게 관심이 가게 되었어요. 고독사하는 분들도 많잖아요. 가
슴이 아파요. 찾아가고 싶고, 천사 급식 같은 음식을 배달해 주고 싶
어요. 그런 걸 보면 감동이 되고, 앞으로 이쪽으로 가는 게 맞겠다고
생각해요. 천천히라도 이 길로 가보자고요. 아무 데라도 쓸 데가 있
을 거예요.

참여자 3 : 저는 아이들한테 관심이 많아요. 돌봄이 필요하잖아요. 보육교사 자
격증이 있어요. 지금 당장은 체력이 달려서 그런데, 아이들 돌보는
일을 하고 싶어요.

람 : 워라밸, 즉 일과 삶의 균형이라는 말 많이 하잖아요. 이 용어에 관해서는
어떻게 생각하세요?

참여자 1 : 연장 근무가 없어지니까 그걸 걱정하더라고요. 돈이 줄어드니까요.
정부에서는 강압적으로 정책을 내리지만, 언제 우리가 외국처럼 워
킹맘들도 몇 시간 일하고 돌아올 수 있을지, 제 생각에는 쉽지 않을
것 같아요.

참여자 4 : 저는 오히려 일의 효율이 높아지지 않을까 생각해요. 연구하는 분도
하루 종일 일한다고 해서 아이디어가 떠오르는 건 아니잖아요. 쉬는
시간에 효율이 높아질 수 있다고 생각해요. 쉼표가 필요하죠.

람 : 프랑스 법에 관해 이야기해 보면 카톡 금지법도 있고 하더라고요. 폰에도
이메일이 바로 뜨니까, 나만의 온전한 시간을 쓰고 싶다는 욕구가 생기지

않나요?

참여자 4 : 그런 게 있었으면 좋겠어요. 사업자 입장에서는 손해겠지만, 남편이 사업하지만, 아이들을 쉬게 보내라고 하더라고요. 오히려 쉴 때는 과감하게 쉬어야 효과적이에요. 남편은 사업하는 입장에서는 그게 쉽지 않죠.

람 : 그죠. 일을 할 때 무엇이 중요하다고 생각하세요?

참여자 2 : 저는 일할 때 어떤 충격을 받으면 일이 안 돼요. 아이디어도 안 떠오르고 하던 일도 잘 안 돼요. 서로가 배려하는 마음을 가지고 잘 하면 조금 힘든 일도 잘 돼요. 힘든 일도 쉽게 보이는데, 쉬운 일도 인간관계가 어려워지면 힘들어지는 거예요. 그래서 저는 일할 때 인간관계가 중요하다고 생각해요.

람 : 남한에 내려와서 바뀐 신념이 있을까요? 일, 직업, 노동에 대해 어떻게 생각하세요?

참여자 1 : 북에서는 시키면 그냥 하고 자발적인 게 거의 없었어요.

참여자 2 : 저는 그렇게 생각해요. 일을 한다고 하면, 북에서는 남을 위해서 일하는 것 같았어요. 여기는 '나'를 위해 일하는 것 같아요. 그럴 수밖에 없잖아요. 그때는 뭐 해라 그러면, 내가 이 일을 해야 하나 보다 하고 그냥 했지만, 여기서는 내가 이 일을 하면 나에게 월급이 얼마 들어온다든가 뭔가 좋은 일이 있다든가 대가가 확실하기 때문에 일이 좋다고 할 수 있죠.

람 : 그렇군요. 그럼, 일과 관련하여 자아 발전, 성장에 대해 어떻게 생각하세요?

참여자 2 : 그래서 어떤 일을 하고, 어떻게 하는가에 따라 내 삶의 연장선이 될 수 있고, 윤택해질 수 있어요.

참여자 1 : 북에서는 일을 조금 잘하면, 말로 다 해요. 칭찬, 이런 것밖에 없어요. 그냥 칭찬. "잘했어요!" "오늘 누구 잘했어요!" 말로의 대가밖에 없어요. 여기는 한 가지를 잘하게 되면 벌써 다르죠. 인정해 주고 성과급 같은 대가가 있잖아요. 거기는 잘했다고 그래프가 올라가면 끝이에요. 일 잘했다고 장려금도 없고, 하루 더 쉬는 것도 없고요. 오히려 더 시키려고 하고, 여기는 그런 게 확실해요.

람 : 그렇군요. 오늘은 여가에 관해서 조금이나마 생각해볼 수 있었던 거 같습니다. 귀한 시간 내주셔서 감사합니다.

## ‖ 참고문헌

전주람·곽상인(2021). '북한 사람'에서 '남한 사람' 되어가기-여성들이 인식하는 여가 개념을 중심으로. 문화와 융합, 43(1), 693-707.

전주람·신윤정(2021). 집단 심층 면접을 통한 북한이주 여성들의 식생활 문화 관련 신념 및 태도 변화 연구. 통일과 평화, 13(1), 257-291.

전주람·신윤정(2022). 20대 북한이주 여성들의 의생활에 대한 행동 양식 및 태도 변화에 관한 FGI 연구. 문화와 융합, 44(4), 863-882.

○ 저자소개

전주람 (Jun Joo-ram) ramidream01@uos.ac.kr

서울에서 태어났으며, 성균관대학교 가족학(가족관계 및 교육, 가족문화)으로 박사학위를 최종 취득하였다. 서울시립대학교 교육대학원 교수학습 · 상담심리 연구교수로 2017년 7월부터 2019년 6월까지 재직했으며, 현재는 서울시립대학교 교직부 소속으로 〈심리검사를 활용한 심리치료〉, 〈심리학의 이해〉를 가르치고 있다. 아울러 서울가정법원 상담위원으로 2014년부터 최근까지 활동 중이며, 2022년부터는 통일부 통일교육위원으로 활동하고 있다. 지속적인 연구 관심사로는 가족관계, 심리상담, 문화갈등, 남북사회통합 등이 있다. 주요 논문으로는 「50~60대 북한이주 남성들의 일 경험에 관한 질적 사례연구 : 일의 심리학 이론을 중심으로」, 「20대 이혼을 결심한 신혼기 부부에 관한 가족치료 사례연구」, 「북한이주민과 근무하는 남한 사람들의 직장생활 경험에 관한 혼합연구」 등 60여 편이 있으며, 저서로는 『절박한 삶』(공저, 2021년 서울대학교 다양성위원회 선정도서), 『21세기 부모 교육』(공저, 2023년 세종도서 학술부문 선정도서), 『북한이주민과 지역 사회복지』(공저, 2024년 학술원 우수학술도서 선정도서), 『공감을 넘어, 서로를 잇다』(공저, 2024) 등 20여 편이 있다. 2016년 KBS 〈생로병사의 비밀 : 뇌의 기적〉 600회 특집에 부부상담사로, 2021년 KBS통일열차 일요초대석에 출연하였다. 2024년 국립통일교육원에 초대받아 〈통일책방 함께 읽는 통일 시즌2〉에 출연하였고, BBC Korea에 출연하였다.

(당사자들의 증언을 통해 살펴보는)
# 북한출신 여성들의 식생활, 의생활 및 여가생활

초판인쇄 2024년 12월 31일
초판발행 2024년 12월 31일

지은이 전주람
펴낸이 채종준
펴낸곳 한국학술정보(주)
주   소 경기도 파주시 회동길 230(문발동)
전   화 031-908-3181(대표)
팩   스 031-908-3189
홈페이지 http://ebook.kstudy.com
E-mail 출판사업부 publish@kstudy.com
등   록 제일산-115호(2000. 6. 19)

ISBN 979-11-7318-141-2 94330